极简20世纪史

THE 20TH CENTURY IN BITE-SIZED CHUNKS

[英]妮古拉·查尔顿/著 [英]梅雷迪思·麦克阿德尔/著
王芳 马冬梅/译

极简通识系列

中信出版集团|北京

图书在版编目（CIP）数据

极简20世纪史 /（英）妮古拉·查尔顿，（英）梅雷迪思·麦克阿德尔著；王芳，马冬梅译. -- 北京：中信出版社，2019.4（2019.9重印）

书名原文：The 20th Century in Bite-Sized Chunks

ISBN 978-7-5217-0220-0

I. ①极… II. ①妮… ②梅… ③王… ④马… III. ①世界史－20世纪－通俗读物 IV. ①K15-49

中国版本图书馆CIP数据核字（2019）第044037号

极简20世纪史

著　　者：[英] 妮古拉·查尔顿　[英] 梅雷迪思·麦克阿德尔
译　　者：王芳　马冬梅
出版发行：中信出版集团股份有限公司
（北京市朝阳区惠新东街甲4号富盛大厦2座　邮编　100029）
承 印 者：北京通州皇家印刷厂

开　　本：787mm × 1092mm　1/32　　印　　张：8.75　　字　　数：126千字
版　　次：2019年4月第1版　　印　　次：2019年9月第2次印刷
京权图字：01-2018-6804　　广告经营许可证：京朝工商广字第8087号
审 图 号：GS（2019）1314号
书　　号：ISBN 978-7-5217-0220-0
定　　价：49.00元

服务热线：400-600-8099
投稿邮箱：author@citicpub.com

谨以此书献给我的父亲

他在成书期间给了我很多鼓励、启示和建议

也把此书敬献给我的母亲

感谢她无微不至的帮助

——• **妮古拉·查尔顿** •——

目录

前言

1900年伊始，很多人依然沿袭着先祖们数个世纪前的生活方式。全球人口已达15亿，大多数人使用煤或木柴作为燃料，食物方面自给自足，居住在小型农村社区。19世纪的工业革命带来了人工照明及供暖设备、蒸汽机车、汽车运输和电话等便利设施，但只有少数富人阶层可以享用，而他们主要生活在彼时正忙于开疆辟土的西方国家。

国家联盟的诞生主要基于军事防御的目的。殖民主义扩张使西方文化和技术在世界范围内迅速传播，这是20世纪全球化趋势的开始，但它也造成了强大国家与殖民地之间的不平等关系，殖民地成为殖民国家掠夺原材料和廉价劳动力的对象。

进入20世纪之后，工业化国家洋溢着对未来的乐观情绪。欧洲国家在政治和经济领域主宰着世界。科学技术突飞猛进，再加上帝国扩张带来了丰厚的收益，一切都在昭示世界的未来将会更加美好。

19世纪、20世纪之交，只有那些享有特权的男性和少数女性拥有投票权，而女性鲜有机会接受较多的教育；儿童和年轻人没有发言权；社会呈现出明确的阶级分化，种族歧视司空见惯。

20世纪的变化日新月异。不仅科学、技术领域以史无前例的速度和广度得到了发展，社会、政治、经济、医疗和哲学等领域也齐头并进。

本书将引领读者了解贯穿整个20世纪的复杂事件及发展态势，帮助读者确定塑造现代世界的重要转折点、潜在原因及其影响。经过20世纪的岁月洗礼，新旧世界完成更替。动荡的战争年代所引发的社会、经济和政治变化，使得由贵族统治的王国或帝国构建的旧世界演化成了由国际贸易联盟主导的新世界。

—1—

旧格局的瓦解

工业革命和海外殖民催生了欧洲财富的急剧增长。18世纪晚期，英国率先完成了工业革命；无论是在殖民领域，还是在贸易领域，英国都是19世纪当之无愧的龙头老大。英国的工业革命风潮迅速蔓延到比利时，之后席卷整个欧洲大陆。欧洲以外的其他地区纷纷跟进：美国内战（1861—1865）之后，工业革命迅速完成。日本也开始仿效欧洲，推进本国的工业化进程，积极筹建铁路系统，大力发展纺织业和矿业，以期抵御西方列强的殖民征服。

纺织业、钢铁制造、铁路建设及其他新兴产业的发展，不仅需要棉花、铁矿石、橡胶、石油等原材料，还需要能容纳产品的广阔市场，于是各个贸易大国纷纷控制别国，将其变为本国的殖民地。19世纪末，在巨额利润和列强争霸的双重驱动之下，帝国扩张的浪潮风起云涌。英国的崛起势头尤盛，印度成为英国的殖民地就是一个典型例证。到20世纪初，法国、葡萄牙、荷兰和俄国也先后成为殖民大国，对自己的殖民属地实施政治和经济控制。在殖民化进程中，德国和意大利的政治影响力逐渐凸现。日本也成为亚洲地区新兴的政治、经济大国，试图在经济领域全盘控制中国。

随着工业化进程的不断推进，中产阶级和普通劳动工人的数量与日俱增，但并非所有人都能分享时代的荣光。20世纪初，大批劳工因居住环境狭小肮脏、工作时间过长、工作环境危险恶劣，开始和富有的雇主阶层对抗，他们要求更好的工作环境和更高的生活标准。这一浪潮最终引发了俄国革命，导致沙俄帝国分崩离析。

和平局面一度使欧洲各国实力急剧膨胀，但欧洲各国的争霸赛引发了第一次世界大战（简称“一战”），致使各个帝国瓦解，也催生了诸多新生政权。

欧洲蓄势待发

自古以来，欧洲各国一直热衷于与东方建立贸易关系。到了18世纪，葡萄牙、荷兰对亚洲地区的影响逐渐被英、法取代。1858年，英国全面控制印度；19世纪40年代，法国控制波利尼西亚；1887年，法国控制越南和柬埔寨。

1783年，美国摆脱了英国殖民地的身份，之后一直独来独往，几乎不参与各国纷争。但出于军事战略方面的目的，美国在1898年吞并了太平洋中的夏威夷群岛，并在美西战争（1898）后接管了西班牙位于太平洋中的殖民地菲律宾、关岛及位于加勒比海的波多黎各。

从1878年到1914年第一次世界大战爆发之间的几十年中，欧洲各个殖民大国为了争夺原材料，纷纷扩大势力范围，把世界上剩余的不发达地区逐一收入囊中。欧洲列强对非洲的争夺异常激烈，史称瓜分非洲。除了获取商业和经济利益，欧洲人还把推进殖民化的进程视作一项神圣的事业，试图将之美化成指引原始落后的国家走上文明教化之路。截至1914年，欧洲各国已经控制了地球可居住面积的85%。

瓜分非洲

19世纪80年代，世界范围内仅剩“黑色大陆”非洲未遭到全面的殖民荼毒。彼时，无论出于追名逐利的目的，还是为了攫取经济、政治及军事策略方面的利益，非洲都是一个诱人的目标。而且征服非洲从技术层面来讲可谓易如反掌：第一，疫苗的研发使人们足以抵御热带疾病的肆虐，这些疾病曾是令殖民者谈之色变的死亡威胁；第二，马克沁重机枪的面世使殖民者可以轻松镇压当地民众的反抗。为了避免自相残杀，德国首相奥托·冯·俾斯麦精心策划了柏林会议（1884—1885），邀请欧洲列强参会，就如何瓜分非洲达成一致。

截至1914年，90%的非洲土地处在欧洲的掌控之下（见图1）。英国和法国拥有的殖民属地面积最大，德国位居第三；比利时、葡萄牙和意大利也当仁不让，“成绩”不俗。非洲殖民地为宗主国源源不断地提供廉价的劳动力、原材料、黄金（南非），同时充作欧洲产品的倾销地，并为即将到来的世界大战输送士兵。埃及的苏伊士运河具有特殊的战略意义，是保障东西方海路运输通畅的命脉。但欧洲各国无视非洲本土业已存在的势力分布及统治体系，对非洲大陆进行了重新划分，为20世纪的诸多冲突埋下了祸根。

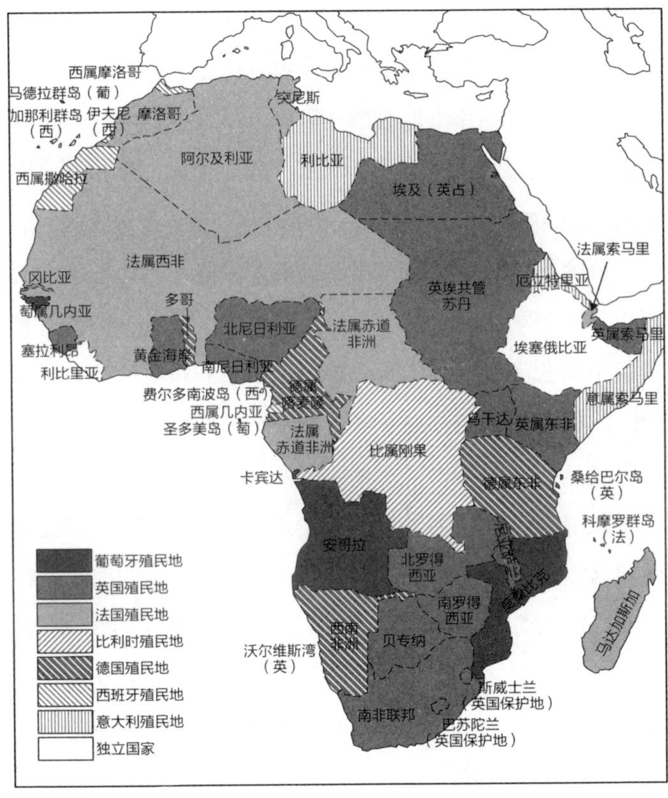

图 1　1914 年欧洲各国在非洲的殖民状况

大不列颠帝国

维多利亚女王在位期间（1837—1901），英国不断跑马圈地、开疆辟土，领地遍布世界各地。无论昼夜如何轮回，英国总有一片土地普照在阳光之下，故得名“日不落帝国”。作为史上规模最大的殖民帝国，英国一度控制了全球人口的20%，它是现代社会诞生的首个世界超级大国。

英国的广阔疆域和辉煌成就很大程度上归功于强大的英国皇家海军，这支海军当年几乎垄断了世界各地的贸易线路和商业港口。而英国在工业革命中的领先优势，也为帝国的征战与扩张提供了物质条件——铁路、汽船和自动化武器。

英国通过进口殖民地的廉价原材料获取了巨额利润，比如糖、茶和烟草等，尤其是来自北美殖民地的棉花。在以蒸汽作为动力的棉纺工厂，棉花是必不可少的生产原料。自中世纪以来，传统的毛纺织业就是英国经济的支柱，但棉纺织业最终取代了毛纺织业。英国的棉纺织品涌向全球市场，使印度、埃及等地工业化程度较低的本土产品再无立足之地。

1808年，美国迫于反奴隶运动风潮的兴起废除了奴隶制。在这之前，英国一直从事奴隶贸易，把非洲的奴隶贩卖到美国，从中获取巨额利润。

维多利亚女王上台时，英国奉行“重商主义”理念（通过关税保护贸易顺差，即出口总额高于进口总额），像东印度公司这样的垄断性贸易集团大行其道。维多利亚女王当政期间逐渐采用了自由贸易政策（无关税、配额或进出口限制），这一时期的人们坚信这一政策是国家繁荣昌盛的根本。

致克鲁格的电报

19世纪80年代欧洲人瓜分非洲期间，在南非的德兰士瓦发现了大片的金矿矿脉。大批英国采矿者拥入约翰内斯堡的矿田，引起了当地布尔人的强烈不满。布尔人是荷兰人的后裔，讲荷兰语，当年因为躲避邻近的开普殖民地（英属）的奴役而移居德兰士瓦。

英国把“布尔共和国”视作区域霸权统治的眼中钉、肉中刺，因此试图密谋推翻德兰士瓦政府。在“詹姆森袭击事件”败露之后，德国皇帝凯泽·威廉二世（维多利亚女王的孙子）于1896年1月3日给德兰士瓦总统保罗·克鲁格发了一封电报，电文如下：“向您及您的人民致以诚挚的祝贺！没有友邦力量施援，你们亦能奋力抵御武装外敌入侵，维护贵国和平，捍卫贵国独立。”

威廉二世发给克鲁格的电文激化了英德矛盾，使英国意识到了“完全中立政策”（不惧外敌、不需友邦）的巨大风险。于是，英国很快调整策略，加入了随后把欧洲架上战车的联盟体系。

中立政策的终结

在第二次英布战争（1899—1902）中，英国镇压了布尔人的反抗，吞并了他们建立的共和国。但这次冲突点燃了南非白人的民族主义情绪，他们强烈要求摆脱英国统治，获得独立。受到这次事件的冲击，英国人开始担忧英国统治的稳固性，毕竟这是关乎英国经济命脉的重大议题。

1902年，英国为了提高国际影响力和保护英国在中国的贸易，与当时远东地区的本土强国日本结成军事联盟。该军事联盟旨在打击两国共同的竞争对手俄国：俄国刚刚占领中国东北的战略要地旅顺港，严重威胁到英国的在华商业利益；同时，俄国有意染指当时作为日本后院的朝鲜。联盟议定，如遇英日任何一方与俄国或别国开战，两国共同应对。

英国还向法国抛出了橄榄枝，暂时搁置与法国的长期争端，于1904年签署了《英法协约》。两国达成协议：一旦欧洲爆发战争，尤其是德国发起的战争，两国将依约共同抵抗。

1871年普鲁士统一德国之后，德国国力已大大增强。到了1910年，美国和德国的工业生产能力已经超过英国。1912年，意大利占领利比亚，英国在埃及的统治地位受到严重威胁。几年后的埃及大革命（1919—1922）使埃及摆脱了英国的控制。尽管英国在第一次世界大战后继续进行领土扩张，但它作为世界唯一工业及军事大国的荣光已不复存在。

清王朝统治的垮台

世界范围内，还有一个国家试图摆脱各大帝国的直接殖民统治，那就是中国。尽管中国拥有几千年的文明历史，但在清政府的统治（自1644年起）之下，国力逐渐走向衰败。英国试图在中国继续开展暴利的鸦片贸易，但遭到中国的竭力抵制；中英冲突导致了两次鸦片战争（1840—1842，1856—1860）的爆发，中国被迫向英国支付丧权辱国的经济赔偿，并割让了香港。

中国还爆发了太平天国运动（1851—1864）。清政府曾向俄国割让领土。19世纪80年代，中国与法国在越南境内发生冲突；19世纪90年代，中国在朝鲜与日本展开了较量。

欧洲各国纷纷瞄准了中国市场的无限商机，但他们的侵略遭到了义和团运动（1900）的猛烈抵抗，该运动由一个叫作义和团的组织发起并领导。义和团运动旨在消除西方势力对中国的影响，包括基督教的传入。义和团认为基督教的传入将会严重威胁中国传统文化。援引一位中国革命家的原话："每每看到我的祖国，我就怒不可遏：这个国家不仅存在着沙俄式的独裁统治，还遭受了200年的蛮夷践踏。"

在北方沿海省份山东，暴力事件频发。山东在德国的影响之下，工业化程度较高，薪酬极低的产业工人迅速加入义和团的行列，反对外国侵略。北京的义和团围攻到使馆区寻求庇护的外国人。西方联军以此为借口，试图进入北京。义和团英勇抵抗，但慈禧太后等当权者最终出卖了这支农民武装力量。由于遭到抵抗，俄国、日本、美国及欧洲各国组成的联军用了55天时间才抵达北京。进犯北京的八国联军带走了受到围攻的外国民众，并杀死了许多义和团团民。

八国联军胁迫慈禧太后对西方各国进行赔偿，此举严重削弱了中国经济。腐朽透顶的清政府在10年后的革命政变中分崩离析，中国的封建王朝统治也随之终结。

车轮承载的消费新世界

20世纪初，西方社会经历了前所未有的巨大变革，以农业为基础的经济模式受到工业革命的冲击。蒸汽动力代替了水力和畜力，广泛应用于轮船、火车及新生的机动车辆——首批现代小轿车（内燃发动机）诞生于19世纪90年代前后。纺织机械彻底改变了纺织行业。全新的生产工艺促生了熟铁及钢铁产品，也使煤矿开采技术得到了进一步的发展。人们铺设更好的公路，开凿运河，修建铁路。电话和电报的出现大大改善了通信状况。

人类的锐意进取创造了很多奇迹工程，其中之一就是位于埃及东部的苏伊士运河。它贯通地中海与红海，缩短了欧洲、北非及亚洲之间的海上航线，使全球贸易发生了革命性巨变。还有40年后由美国修建的巴拿马运河（修建于1907—1914年），截断了连接北美洲和南美洲的狭长的巴拿马地峡，有效改善了大西洋和太平洋的海运状况，成为国际海上贸易的重要通道。有了巴拿马运河以后，驶往美国西海岸的船只再也无须绕行险象环生的南美合恩角。

20世纪初期，世界进入了批量生产消费品的时代，其中自然包括那些来自美国人亨利·福特的汽车工厂装配线的汽车。技术革新大大缩短了福特“T”型轿车的生产时间，以至于1918年该车型占到美国汽车市场份额的一半。随着美国中产阶级队伍的日益壮大和经济实力的不断增长，福特汽车使美国人实现了用汽车作为代步工具的梦想。流水线批量生产的重大突破很快被应用于其他消费产品的制造过程。

全球贸易往来和殖民进程的推进使西方的文化、科学及技术进步在全球范围内传播开来，随着全球化进程的推进，其他国家也受到其影响。

首次动力飞行

1903年，奥维尔·莱特在美国的北卡罗来纳州完成了首次重于空气的动力驱动飞行器载人飞行。尽管飞行仅仅持续了12秒，但这是奥维尔和威尔伯兄弟俩多年实验探索的积累。1909年，法国发明家、飞行家路易·布莱里奥驾驶单翼机从英国飞越英吉利海峡，抵达法国，并因此获得了由《每日邮报》提供的1 000英镑奖金。

飞机很快被用于战争。意大利在意土战争（1911—1912）中首次使用飞机进行侦察和轰炸。1914年“一战”爆发后，法国飞行员罗兰·加罗斯把机枪固定在机头位置；1915年，德国王牌飞行员库尔特·温特根斯驾驶一架战斗机取得了首次空中胜利，该战斗机配有机枪，飞行员可以透过飞机前部的螺旋桨进行射击。

镀金时代

尽管这些工业化国家在国际经济大舞台上战绩不俗，但由于社会分化，国内经济受到了很大影响。得益于工业革命，富有的贵族阶层和中产阶级赚得盆满钵满。然而，工人阶层和穷苦百姓只有两种选择：因为机器的出现遭遇失业，或者成为新式机器的操控人员以赚取低廉的薪水。他们的生活水平没有丝毫改善。

从19世纪70年代一直到1914年，欧洲社会所表现出的乐观主义、创新意识、繁荣盛况以及稳定局势被称为“美好时代”（Belle Époque）。在这段黄金岁月中，富有阶层的闲暇时间越来越多，巴黎成为各路艺术家和作家的乐园。法国首都出现了很多新艺术流派，这里自发产生的艺术元素影响了世界各地的建筑风格。埃米尔·左拉所代表的现实主义文学流派成为现代主义的先驱之一。

同期，内战之后的美国也经历了著名的“镀金时代”（Gilded Age）。由于铁路的大量修建、石油冶炼与钢材生产的快速发展及量产商品的数量增加，美国经济飞速增长。美国社会财富的急剧增加滋生了各种与劳动力相关的问题。这些劳动力有的来自美国的贫困地区，有的来自国外，其中有很多是期冀改善生活状况的欧洲移民。人们都说，诸多社会问题被社会经济的繁荣景象所掩盖，如同镀了一层闪亮的金膜。马克·吐温和查尔斯·达德利·沃纳合著的《镀金时代》（1873）生动地反映了这一时期的社会万象。

工人们，联合起来！

与美国人推崇的“白手起家”不同，维多利亚时期的英国社会依然坚信“绅士理应继承祖上土地，绅士理应重政不重商”。如此这般，拥有土地的贵族阶层从商人和工人阶层中分离出来；随后，不满低薪和恶劣工作环境的工人阶层与雇主阶层分离。一些富有而虔诚的社会慈善家试图通过开展慈善事业调节这一矛盾，但慈善供给不够稳定，而且国家层面的社会救济几乎不存在。

截至1910年，英国的经济发展处于停滞状态。工人薪酬很低，物价却飞涨。即便如此，工人还得提高劳动生产率以维持一定的利润水平。受到火柴厂工人罢工的启发，煤气工人和码头工人纷纷加入工会，寻求集体庇护，进而爆发了随后以提高薪酬、改善工作环境为目标的罢工浪潮，史称“大动荡时期”。1926年，英国经历了“一战”后经济萧条期的首次工人大罢工，矿工也加入了其他产业工人的行列；但是，中产阶级志愿者的加入、法律质询的敦促以及工会领导的懦弱最终促使罢工草草收场。

与私有企业和自由市场资本主义相关的种种社会不平等现象激发了另一种社会运动的兴起——社会主义。社会主义者试图改善资本主义体系内部的工人境遇；同时，他们试图用一种全新的体系取代资本主义，让工人和资本家分享生产资料所有权，从而改变生产方式。德国经济学家、革命家卡尔·马克思发出号召："全世界无产者，联合起来！"在他的激励下，欧洲的社会主义者联合工会会员，率先发起了国际工人运动。他们要求改善工作状况，其中包括实行8小时工作制。

英国和其他经济状况良好的西方国家在20世纪初难得的社会稳定期消化了新生的工人运动浪潮，但也有几个国家在这期间酝酿或发生了社会革命。

俄国革命的隆隆声

沙皇俄国西起波兰，东至亚洲远东地区的堪察加半岛，是1900年时世界上疆域最大的国家。

俄国人口众多且成分复杂，包括日耳曼人、亚洲人、俄罗斯族人、波兰人以及很多其他斯拉夫人。复杂的民族成分造成了持续不断的政治摩擦，而俄罗斯东正教堂在帝国范围内强力推行以基督教为中心的俄罗斯文化。像俄国的其他少数民族一样，犹太人也没有任何权利可言。俄国有85%的农业人口，虽然1861年他们摆脱了俄国私人农庄的农奴身份，但到了19世纪与20世纪之交，他们的生活仍然极度贫困，苦不堪言。

相对于帝国的竞争对手英、法、德而言，俄国的工业化速度较慢；但从1892年开始，俄国的基础建设得到了很大的发展，包括西伯利亚大铁路和中东铁路（中国境内）。外来资金的流入加速了新兴工厂的建设。20世纪初，俄国的钢铁产量位居世界第四，石油产量位居第二。

快速推动的工业化进程吸引成千上万的农民进入城市，形成新生的产业工人阶层。他们的生活状况糟糕，工作环境恶劣（平均每天工作11小时），且无法得到任何改善：工会属于非法组织，禁止罢工，军队还会出动镇压动乱。工人阶级内部酝酿着革命的熊熊烈火。

沙皇尼古拉二世的统治始于1894年。来自乌克兰（当时是俄罗斯帝国的一部分）的马克思主义革命家、理论家列夫·托洛茨基曾经这样说：“尼古拉从他先祖那里继承来的不仅仅是一个庞大的帝国，还有一场轰轰烈烈的革命。他连治理一般国家的能力都没有遗传到，更不要说有能力统辖如此庞大的帝国了。”

沙皇授权内政大臣维亚切斯拉夫·普勒韦镇压改革派和

革命人士。普勒韦声称俄国境内90%的革命人士来自犹太群体，鼓动暴徒袭击犹太人。这迫使很多犹太人离开俄国，赴美国避难。

在中日甲午战争（1894—1895）中失败之后，清政府统治的中国迅速衰败。俄国沙皇也想分一杯羹，于是，为争夺对中国东北（包括辽东半岛的不冻港旅顺）及朝鲜的控制权，20世纪的首次大规模战役——日俄战争（1904—1905）爆发了。作为战胜国的日本自此确立了工业强国的地位，而俄国沙皇因战败受到民众谴责。俄国的革命人士决定采取行动，尤其是遭到流放的弗拉基米尔·列宁，他在1905年公开呼吁："俄国的工人们、农民们，你们并非孤身而战！如若你们成功推翻、破坏和粉碎封建地主和沙皇俄国的暴政，你们的胜利将会拉开世界人民反对资本主义暴政的斗争序幕。"

血腥星期日

有感于俄国工厂的恶劣环境，激进的神父格奥尔基·加蓬认为俄国迫切需要社会改革。于是，他在1903年成立了俄国工人联盟。一年后，工人联盟的4名钢厂工人遭到解雇，加蓬与10万名圣彼得堡工人向沙皇递交联名请愿书，要求实行8小时工作制、提高薪酬、改善工作环境、享有选举权等。

请愿的人群遭到沙皇军队的残酷镇压，100多人死亡，300人受伤。[①]该事件成为俄国1905年革命爆发的导火线："波将金号"士兵发动起义，圣彼得堡及各地的工人纷纷罢工，苏维埃政府（工人选举政权）成立。一些中产阶级的社会精英也加入了革命的行列，成立了工会联合会，要求召开国民代表大会。迫于各方压力，尼古拉二世公开发表《十月十七日宣言》(*October Manifesto*)，做出推进改革的姿态。该宣言认可言论、集会、结社自由，承诺判刑须经审判，同意成立公选的立法机构——国家杜马。

1906年，沙皇撕毁宣言，解散国家杜马，第一次俄国革命以失败告终。但革命的种子已经深深植根于这片土地，为未来的民众反抗和沙俄帝国的死亡积蓄了力量。

起义蔓延

世界各地的革命者对腐败的独裁统治、严苛的政权及

① 据《辞海》，此事件中死伤3 000余人。——编者注

普遍的不平等深恶痛绝，纷纷揭竿而起。

墨西哥革命（1910—1917）爆发的导火线是波菲里奥·迪亚斯在总统选举过程中的造假事件。这次革命推翻了墨西哥总统波菲里奥·迪亚斯长达31年的独裁统治。墨西哥农民的生活困苦不堪，他们别无选择，只能奋起抗争，这个国家因此陷入连年征战、政局动荡的状态。

腐朽的波斯帝国（现伊朗境内）在1905—1907年间经历了一场革命。当时的波斯统治者穆扎法尔丁·沙奢侈无度又身体孱弱，毫无招架之力。这次革命促生了新的宪法，逼迫穆扎法尔丁·沙退位，波斯议会成立了。然而，1907年《英俄协约》的签署使波斯帝国丧失了自治权，波斯国土遭到英俄瓜分，史称英俄“大博弈”。英国历来认为俄国在中亚地区的活动对英属印度存在威胁，该协议的签署终结了英俄在中亚地区的敌对状态。

同期，无政府主义者也在世界各地开展活动，发动了一系列针对个人的恐怖袭击，比如1900年暗杀意大利国王翁贝托一世，1901年暗杀美国总统威廉·麦金利等。无政府主义者提倡废除国家的统治，用无国界的社会团体代替国家。他们的行为给民众的反抗打上了暴力和激进主义的烙印。

艺术革命与科技革新

伴随着工业革命的推进，科技的进步日新月异。艺术家们因此开始重新审视社会生活的方方面面。一种新的艺术流派，脱胎于浪漫主义的现代主义应运而生。19世纪的浪漫主义艺术家对社会向新兴生产过程和资本主义价值观过渡时出现的种种现象非常反感。而现代派艺术家具有很强的革命性，他们摈弃了传统艺术形式，认为传统艺术形式阻碍了艺术的进步。旅居法国的西班牙先锋派艺术家巴勃罗·毕加索反对传统透视法并进行了各种尝试，最终创造了立体主义，该流派重在使用抽象的形式对绘画对象进行解构和重组。同期还活跃着其他艺术流派，比如未来主义和超现实主义。德国表现主义画家保罗·克利、俄罗斯画家瓦西里·康定斯基及捷克小说家弗朗茨·卡夫卡厌倦了城市工业化对人性的侵蚀，与现实主义渐行渐远。

音乐领域也受到了现代派的影响，奥地利裔美国作曲家勋伯格尝试创立了十二音体系来改造传统的调性和声，摈弃了对具体音级的使用限制，对现代作曲家的创作产生了深远影响。建筑领域也不例外，瑞士裔法国现代主义大师勒·柯布西耶反对传统风格，把建筑重新定义为“居住场所”。

20世纪初的科学成就进一步拓展了人类的视野。1895年，威廉·伦琴发现了X射线；很快，比埃尔·居里和玛丽·居里夫妇确认了放射性的存在，改变了人们对物质结构的认识。1900年，马克斯·普朗克提出：与以前人们的看法不同，能量并非处在持续的流动中，而是来自微小单位——量子，量子可能是能量的最小单位。1905年，阿尔伯特·爱因斯坦在普朗克的这一假设的基础上提出了相对论。过去人们认为时间和空间是绝对的，而相对论彻底颠覆了这一认识。相对论指出：对于某个观察者来讲，时间和空间是相对的（在我们看来长达百万年的时间对于高速飞驰在火箭上的人们来讲可能只是几秒钟）。1916年，爱因斯坦正式发表了广义相对论，提出物质会导致空间弯曲，并对可见宇宙天体的运动进行了解释。

左右历史进程的民族主义

20世纪初期见证了数个帝国的覆灭，大清帝国和沙皇俄国就是其中两个。在从1914年一直持续到1918年的第一次世界大战中，有一股势力逐渐壮大，它将摧毁更多的帝国。19世纪及20世纪早期相对和平的社会氛围孕育了一种极端的爱国主义形式——民族主义，它使欧洲国家紧密团结，各国人民对于本国的经济、文化及军事优势信心十足；但它也造成了欧洲列强之间的激烈竞争与对峙。普法战争后，随着德国的统一，德意志帝国在1871年宣告诞生。该帝国的民族主义及帝国主义野心不仅把世界推入了第一次世界大战的深渊，也导致了德意志帝国自身的覆灭。

还有一些帝国也与德意志帝国一同陨落，其中包括欧洲中部的奥匈帝国。19世纪奥匈帝国由奥地利、匈牙利联合建国，由哈布斯堡家族统治，他们的统治历史可以追溯到神圣罗马帝国时期。

1299年，奥斯曼帝国在安纳托利亚（今土耳其境内）建立；1453年，它占领了罗马帝国（拜占庭帝国）东部的大片土地。奥斯曼帝国的最高统治者苏丹被尊崇为全球穆斯林的精神领袖。1914年，奥斯曼帝国与德国结盟，试图夺回被欧洲列强侵吞的领土，这一举措使这个日渐衰败的地中海东部国家走上了不归路。

2

终结纷争的战争

截至1914年，德意志帝国已经跻身于欧洲经济强国的行列，成为世界化工市场的龙头老大。德国拥有当时规模最大的军队，海军实力仅次于英国。欧洲大陆之所以陷入第一次世界大战的喧嚣混乱，德国难辞其咎。但就战争的动因而言，还有其他因素的作用：害怕来自民主化、社会主义的压力；民族主义的诸多诉求；人们害怕来之不易的帝国会瓦解；最关键的一点是各国彼此充满戒备。德国害怕身陷法国和俄国的包围圈；俄国担心德国控制巴尔干半岛及近东地区；法国一直处在普法战争（1870—1871）的阴影之下，面对实力日趋强大的德国寝食难安；英国则担心丧失世界霸主地位。

这些国家惶惶不可终日，于是发动了各自认为合理、必要的战争，以便保证各自得偿所愿。他们预计战争不会持续太久，最多经历数月的血腥厮杀，就会终结所有的争端。事实上，这只是一个开端：开启了一场全民参与的新型大规模战争，一场技术主宰并毁灭世界的战争，一场引发更多冲突的战争。

滑向战争的深渊

在第一次世界大战的导火线被点燃之前的10年间，欧洲各个帝国主义国家竞相争夺权力和地位，并通过贸易、市场和领土的争夺获取经济利益。德国崛起之时，奥斯曼帝国和奥匈帝国正在走向衰败。英国仍然拥有世界上最强的海军舰队，为了维持海军的霸主地位，1906年英国皇家海军还建造了“无畏号”等战列舰；德国不甘落后，迅速建造了重型火炮并以此武装全军，他们相信这样的武器装备必将成为战争过程中强悍的威慑力量。

鉴于不断升级的军备竞赛和军费开支，俄国沙皇尼古拉二世于1899年在海牙发起和平会议，旨在共同协商裁军事宜，并试图敦促各国在解决国际争端时借助国际仲裁，而非诉诸战争。但这项倡议遭到了德国的否决。1907年，美国总统西奥多·罗斯福发起了第二次国际和平会议，制定了一些限制战争的规则，同时试图限制发展军备。但德国认为这一举措纯属英国的阴谋，目的是限制德国海军舰队的发展，故而拒绝接受。

各国领导人对形势发展过于自信。他们认为欧洲各国有能力维持彼此的力量平衡，并通过缔结联盟避免冲突。然而，正是这样的联盟关系使欧洲各国背负错综复杂的义务和责任，这也是第一次世界大战爆发的主要原因之一。

世界成为火药桶

截至1907年，越来越多的国际冲突将各国分成两派：一方是由德国、奥匈帝国和意大利组成的三国同盟（Triple Alliance）；另一方是由俄国、英国和法国组成的三国协约（Triple Entente）。造成这个局面的部分原因来自普法战争，它加剧了法国和德国的敌对关系；另一部分原因来自巴尔干地区的紧张局势。

巴尔干半岛是欧洲东南部的一个多民族聚居的地区，曾经隶属于信奉东正教的东罗马帝国，自中世纪以来一直由信仰伊斯兰教的奥斯曼帝国控制。两个多世纪以来，俄国逐渐向南扩张，势力延伸到了奥斯曼帝国的地盘；他们支持信奉东正教的塞尔维亚人，并承诺在危急时刻对塞尔维亚提供援助。塞尔维亚和希腊在19世纪摆脱了奥斯曼帝国的统治。1877—1878年的俄土战争期间，以俄国为首、由巴尔干半岛各国组成的东正教联盟共同对抗奥斯曼帝国，试图终结奥斯曼帝国对基督徒的歧视。他们的努力使黑山、罗马尼亚及保加利亚的部分地区获得独立。

20世纪初，俄国继续支持巴尔干半岛诸国的独立斗争，特别是1908年俄国劲敌奥匈帝国吞并原属奥斯曼帝国的波斯尼亚和黑塞哥维那之后，支持力度更大。

普法战争后，法国的阿尔萨斯和洛林被迫割让给德国。德国总理、德国统一的缔造者奥托·冯·俾斯麦预计法国将会试图夺回阿尔萨斯和洛林，因此在1873年与俄国及奥匈帝国结盟。由于俄国和奥匈帝国在波斯尼亚和黑塞哥维那问题上的紧张关系，该盟约很快无疾而终。俄国和奥匈帝国的敌对关系促成了德国和奥匈帝国于1879年的二次结盟；1882年，意大利加入了三国同盟，各成员国相互承诺：如遇大国进犯，各国共同抵御。1894年，三国同盟促生了防御性法俄同盟的诞生。

19世纪90年代，德国外交政策的变化使局势更加错综复杂。因与德皇威廉二世政见不合，德国首相俾斯麦辞职。俾斯麦的离职使德意志帝国走上了一条全新的道路。德皇坚信欧洲列强企图围困德国并阻止德国的势力扩张，因此德国的新政策略显古怪，这促使英国与曾经的殖民地竞争对手法国（1904年缔约）和俄国（1907年加入）结盟。

在1912—1913年的巴尔干战争中，紧张局势不断升级。已经脱离奥斯曼帝国掌控的希腊、塞尔维亚及保加利亚吞并了奥斯曼帝国控制的马其顿地区，解放了很多在奥斯曼专制统治下的斯拉夫人。在波斯尼亚和黑塞哥维那境内，波斯尼亚塞族人一直受制于奥匈帝国，现在他们强烈要求加入日渐壮大的塞尔维亚。

俾斯麦早在数年前就预料到了这个局面，当时他曾经这么说："巴尔干地区的局势微妙，稍有不慎就会酿成席卷欧洲的大规模战争。"

巴尔干半岛的火花

1914年6月28日，奥地利王储弗兰茨·斐迪南大公在波斯尼亚首府萨拉热窝被一名塞尔维亚民族主义者暗杀。斐迪南大公此行旨在视察驻扎在波斯尼亚和黑塞哥维那的奥地利军队（波斯尼亚和黑塞哥维那6年前被奥地利划入版图）。大公夫妇乘坐敞篷汽车访问这座城市时，正好赶上当地的“圣维特日”。这是一个特殊的节日，塞尔维亚人会在这一天纪念在1389年科索沃战争中阵亡的烈士。科索沃战争之后，塞尔维亚沦为奥斯曼帝国的属地。“黑手会”是著名的塞尔维亚民族主义秘密组织，一直致力于波斯尼亚的独立事业。他们选择了这个特殊的时刻对奥地利帝国实施打击。一名组织成员向斐迪南大公乘坐的汽车投掷了炸弹，但炸弹爆炸位置偏后，未对大公夫妇造成实质性伤害。随后，访问队伍拐错了弯，另一名秘密潜伏的组织成员——19岁的塞尔维亚青年加夫里洛·普林齐普枪杀了斐迪南大公夫妇。

因为此次暗杀，奥匈帝国向塞尔维亚政府提出严正谴责，并发出最后通牒，要求塞尔维亚镇压一切反对奥地利人的活动。尽管塞尔维亚同意了大部分要求，但奥匈帝国还是在1914年7月28日向塞尔维亚宣战。德国也向奥匈帝国承诺：如果俄国介入奥塞纷争，德国将会无条件支持奥匈帝国。这原本是一场小范围的国际冲突，但由于共同防御盟约的制约，产生了“雪球效应”，演变成了一场世界大战。

不可避免的战争

宣战的第二天，奥匈帝国轰炸了塞尔维亚首都贝尔格莱德。同时，俄国集结军队，准备保卫塞尔维亚。

德皇威廉二世一直梦想着德国能在世界事务中拥有话语权和决断权，但现在这一梦想却因为需要双线作战而希望渺茫：不仅要应对俄国，还要应对受到英国暗中支持的俄国盟友——法国。奇怪的是，德国并没有尽力阻止冲突的扩大化，即用允许阿尔萨斯自治换取法国中立。相反，德国向法国发出最后通牒：不仅要求法国保持中立，还要求其保证武装冲突期间图勒和凡尔登要塞也保持中立。法国对此回复说，将会依照自己的利益采取行动。英国随后应允：如果德国承诺对法国和俄国保持中立，英国就会认同法国的中立地位。但在英国外交大臣和德国驻伦敦大使进行电话交谈时，英国的承诺被误解为：如果德国仅对俄国开战，法国将保持中立。

德皇不希望腹背受敌，所以试图阻止德国军队向西进军法国。但1914年8月1日，德国将军莫尔特克向德皇声明：作战计划的任何改变只会使军队变成“混乱的乌合之众”。同日，德国军队越过边境进入卢森堡，德国对俄宣战。

德国的军事指挥官当时正在执行一项蓄谋已久的军事计划——“施里芬计划”，即绕过法国军队，取道比利时，在6周内闪电占领巴黎，从而清除西线威胁，然后掉转方向进攻俄国。该计划成功的前提是：俄国军队因过于庞大而调动缓慢，并且英国不会及时派遣军队协助法国。

但是与预期不同，由于比利时拒绝德军在比利时境内自由通行，德国要先对比利时发动进攻。1914年8月3日德国对法宣战。依据1839年签署的保护比利时中立的条约，英国于8月4日对德宣战。德国总理贝特曼·霍尔维格因此惊呼：“为了区区一纸文书，英国就要发动战争吗？”

俄国的行动也在德国的预料之外，俄国仅用了10天时间就完成了军队集结，迫使莫尔特克兵分两路，在东线和西线战场同时作战。

看到战争即将席卷欧洲大陆，英国外交大臣爱德华·格雷爵士发出了这样的感慨：“欧洲各地的灯火即将熄灭。可能在我的有生之年，都无法再次目睹它们的光亮了。”

两大阵营

战争爆发后，世界被分为两大敌对阵营。德国和奥匈帝国形成了核心同盟国。根据三国同盟的条款约束，意大利只有在防御战争中才有义务参战，因此它在战争之初选择中立。1914年7月，德国企图通过煽动叛乱来瓦解英国对印度的控制。在那场疯狂的外交危机中，奥斯曼帝国与同盟国签订了协议。奥斯曼人控制了土耳其海峡这个通往黑海的门户，切断了俄国与英法盟友的可能联系以及来自俄国南方的军需供应。位于巴尔干地区的保加利亚也享有类似的战略优势，它在1915年加入了同盟国阵营。

作为同盟国对立方的协约国在战争之初主要由三国协约的成员组成——法国、英国、俄国和它们各自的殖民地，以及塞尔维亚。1902年以后，日本成为英国的盟友；1914年，日本加入协约国阵营，迅速出手摧毁了德国驻扎在中国附近的船只，并占领了德国在中国的势力范围。1915年4月，协约国向意大利示好，承诺战后将意大利边境附近隶属于奥匈帝国的领土并入意大利，因此意大利加入协约国阵营。1916年8月，罗马尼亚加入协约国一方。美国试图保持中立，但在1917年4月也加入了协约国的阵营。1917年

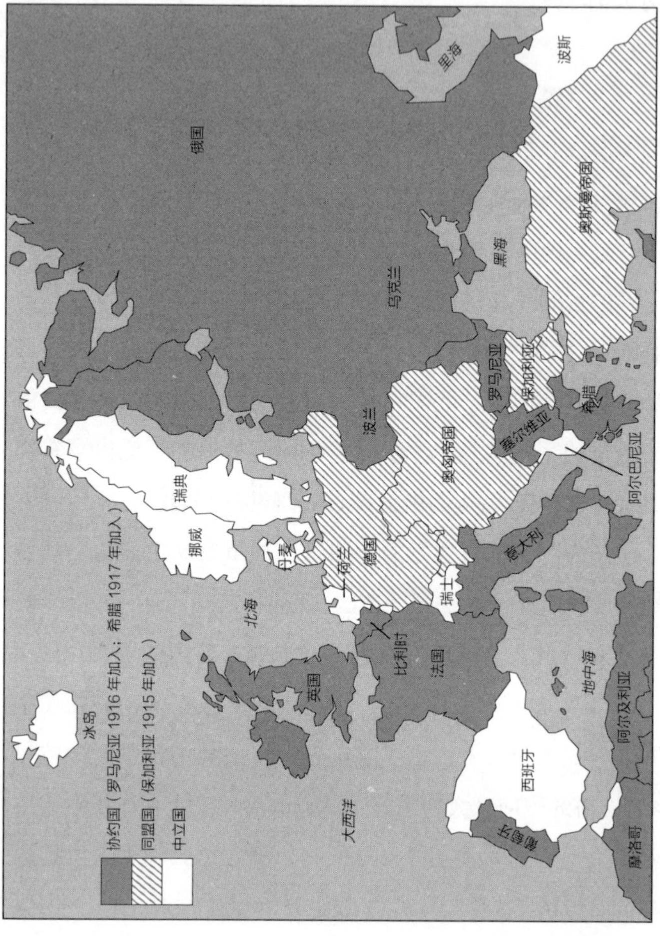

图 2　第一次世界大战期间欧洲的军事同盟

7月，希腊参战，也成为协约国的一员。这是有史以来首次出现的全球性冲突，波及地球的各大洲。

祖国需要你!

人们纷纷为自己的祖国而战，军队规模迅速扩大。与法、德、俄及奥匈帝国不同，英国没有强制服兵役（征兵制）的传统，所以兵源来自志愿征兵。著名的征兵海报上写着:“祖国需要你！”海报上印有英国国防大臣基钦纳勋爵的头像。他激励了100多万热血青年加入英国远征军。其中的许多人没有经过军事训练，也没有战斗经验，仅凭一腔热血与兄弟、朋友及邻里一起走上前线，因此英国军队伤亡惨重。1916年，为了满足兵源供应，英国对18~41岁的男子实行征兵制（到战争结束前几个月，征兵年龄延至51岁）。

法国和英国还征募非洲人和印度人为协约国作战，而英属自治领澳大利亚、加拿大、新西兰及南非也积极招募本国军队支持协约国。1917年，美国总统伍德罗·威尔逊再次提出征兵草案。

征兵制只适用于男性公民，但许多女性志愿加入护士、救护车司机和战地医生的行列。家庭妇女们也纷纷走出家门，进入军需品工厂工作，填补男人空出的职位或承担新工作；其他人则通过慈善工作对战争予以支持。

西线战场

这场决定历史进程的战争在各个不同的战场全面展开，其中位于法国和比利时北部佛兰德斯的西线战场尤为惨烈。开战仅仅数月，这里就成为主战场。

在穿越比利时的途中，德军遭到了比利时民众的顽强抵抗。在他们向法国边境推进的过程中，6 000多名比利时平民因此丧生，哀鸿遍野。对于前进的德国军队来讲，每一个平民都是潜在的威胁。德军焚烧沿途村庄，处决大批平民和牧师，借此震慑奋力反抗的普通民众。

1914年8月23日，德军首次遭遇协约国军队——驻扎在比利时蒙斯的英国远征军，这里靠近法国边境。由于兵力对比悬殊，德军把英军逼退到巴黎以东的马恩河附近。

马恩河战役

德军不断向前突进，最终到达距离巴黎50千米处，法国政府被迫搬离首都巴黎。法军侦察机飞行员发现德国将军亚历山大·冯·克卢克所率部队放弃了施里芬计划——他们没有依照预定计划向巴黎以西方向移动，而是挥师向东，追击撤往马恩河方向的协约国部队。因此，德国的第一集团军和第二集团军之间出现缺口。1914年9月5日，法国指挥官约瑟夫·霞飞抓住时机，与协约国第六集团军一起发动反攻，对冯·克卢克军右翼进行打击。法国人把远在洛林的东线守备军通过铁路火速运至巴黎，然后动用出租车运往前方，支援第六集团军的战斗，迫使德军向北收缩。经过一个星期的激烈战斗，德军不得不在埃纳河附近安营扎寨。

这是双方开战以来的首次重大战役，阻止了德国前进的步伐，拯救了法国首都巴黎，但伤亡人数史无前例，有30多万之多。在接下来的两个月中，双方进行了一系列战斗，都试图包抄对方，于是战场离北海[①]越来越近。这场

---

① 此处的北海指大西洋东北部的边缘海。——编者注

“奔向大海的战役”在佛兰德斯海岸和（中立的）瑞士之间形成了长达640千米的防御战壕。至此，“一战”的西线战场陷入了长达4年的胶着状态。

佛兰德斯战场

1914年10月19日至11月22日，第一次伊普尔战役在比利时西北部的佛兰德斯西部地区打响，“奔向大海的战役”达到高潮。双方挖出一条条对峙的壕沟，拉上铁丝网，建立起狭长的无人隔离带。壕沟内烂泥遍地、老鼠乱窜，士兵们身上都长了虱子。天气极其寒冷，士兵们不仅要在如此恶劣的环境中吃饭、睡觉，还要冒着被狙击、炮击或突袭的危险坚守阵地或发起进攻。双方都试图包抄对方，炮兵和机枪成为主要火力，因此战场上尸横遍野。英军、法军和比利时军队虽然在数量上不占优势，却成功阻止了德军向英吉利海峡各大港口挺进的步伐，这对法国和比利时的战时补给至关重要。

拉锯战一直持续到1914年11月，双方军队士气大挫。大家原本希望在圣诞节前结束战争，但僵局的形成意味着战争还会继续。于是出现了短暂的休战：圣诞节当天，西线士兵们不分敌我，爬出战壕踢起足球，在战地的荒野中庆祝节日。

伊普尔成为持久战的中心。在第二次伊普尔战役（1915年4月22日—5月25日）中，德军使用有毒的氯气对付法国殖民地属军及加拿大军队。这种毒气随风飘散，漫入战壕，对协约国士兵产生了毁灭性的影响。此举敦促协约国开始研发化学武器和防毒面具。

德国人在1917年7—11月的第三次伊普尔战役（帕斯尚尔战役）中使用了更加致命的芥子气，这是佛兰德斯战场上伤亡最为惨重的一次战斗，也是代价最大的一次。在英军指挥官道格拉斯·黑格的指挥下，英军和加拿大军队占领了伊普尔附近一座被炸毁的村庄帕斯尚尔。相对于双方总计超过85万的伤亡人数，这点儿小小的胜利简直微不足道。

加拿大军旅诗人约翰·麦克雷就此写道：

在佛兰德斯战场，罂粟花随风怒放
一行又一行，绽放在殇者的十字架间
那是我们的疆域

天空中云雀依然勇敢歌唱，展翅飞翔
歌声湮没于连天的枪炮声响
……

东线战场和南线战场

与西线不同，东线战事没有陷入静态的堑壕战。1914年8月17日，俄军越过德国边境进入东普鲁士，在坦嫩贝格遭遇了一支较小规模的德国军队。8月26日，作战经验丰富的德军几乎摧毁了俄国第二集团军，迫使9万名俄国士兵投降，俄国将军亚历山大·萨姆索诺夫引咎自杀，德军士气大振。

但在南线的加利西亚地区，俄军的表现可圈可点。他们在1914年9月3日之前大败奥匈军队。和德军一样，俄军也对平民进行野蛮攻击。许多人对此闻风丧胆，随着俄军的推进，人们纷纷逃离家园。加利西亚的大批犹太人在战时遭受俄军的粗暴攻击。

同盟国成员对德国的依赖日益增强。1915年年初，德国在东普鲁士、波兰、拉脱维亚和立陶宛的部分地区战绩不佳，屡屡败于俄军之手。但1915年夏天，德军夺回被俄国占领的加利西亚；同年秋天，同盟国占领塞尔维亚，确保了奥斯曼帝国和德国之间的陆路通畅。

1915年5月，意大利加入协约国的阵营，但奥匈军队一直把意大利人堵在海湾以南。1916年6月，俄国将军阿列克谢·阿列克谢耶维奇·勃鲁西洛夫在白俄罗斯、乌克兰和罗马尼亚向奥匈帝国发动袭击，奥匈帝国军队全线崩溃。双方损失惨重，罗马尼亚被卷入战争，加入协约国的行列。1917年10月，意大利在卡波雷托与德奥联军相遇，遭受毁灭性打击。“一战”结束时英法也没有兑现部分奥匈帝国边界领土归属意大利的承诺，意大利因此蒙羞。

加利波利灾难

1915年3月，为了打破西线僵局，英国海军大臣温斯顿·丘吉尔建议向1914年与德国和奥匈帝国结成联盟的奥斯曼帝国发动攻击。加利波利战役（1914—1916）就发生在土耳其东部的战略要地加利波利半岛，旨在攻陷土耳其首都君士坦丁堡（今伊斯坦布尔）。

不料，进入达达尼尔海峡的英法军舰身陷雷区，悉数沉没。在穆斯塔法·凯末尔·阿塔蒂尔克的领导之下，土耳其的军事防御坚不可摧，来自澳大利亚、新西兰、印度、法国及塞内加尔的各路进攻均陷入僵局。这对协约国军队来说无异于一场灾难。他们被迫在1916年1月之前陆续撤离。不久，丘吉尔黯然离职。当然，他将在几年后再次崛起，带领英国走过第二次世界大战（简称“二战”）的艰难岁月。对于奥斯曼帝国治下的土耳其人来讲，这次胜利为战后现代土耳其的发展奠定了坚实的基础，土耳其在阿塔蒂尔克的领导之下迅速崛起。

阿拉伯起义

对英国来说，在奥斯曼帝国所属的中东阿拉伯地区的战况较为令人满意。英国承诺将支持阿拉伯独立，鼓励阿拉伯人反抗奥斯曼帝国的统治。从1916年6月持续到1918年的“阿拉伯起义”由哈希姆王族的费萨尔王子与反政府分子共同领导，这些反叛者多为深得阿拉伯人信任的英国情报官员T. E. 劳伦斯（被称为“阿拉伯的劳伦斯”）训练的反政府游击队员。骆驼骑兵队对铁路发动破坏性袭击，并于1917年7月占领亚喀巴港。1917年12月，圣城耶路撒冷落入埃德蒙·艾伦比将军率领的英军手中，而大马士革于1918年10月被协约国军队攻陷，至此，中东地区的战争结束。但是，英法并没有依照承诺支持费萨尔创建独立的阿拉伯国家，而是将中东地区一分为二：巴勒斯坦和约旦划归英国，叙利亚和黎巴嫩划归法国。作为补偿，费萨尔成为伊拉克的国王。

英国曾经先后允诺阿拉伯人独立建国及犹太人在巴勒斯坦建立家园，但承诺均未履行，这成为20世纪末阿拉伯和以色列冲突（中东战争）的根源。

法兰西万岁

截至1916年，同盟国战况喜人。为了打破西线战场的僵局，同盟国计划向巴黎以东200千米处的法国要塞凡尔登发动大规模攻击。1916年2月21日，一场使用了1 200挺德式重机枪和大量火炮的袭击开始了。

到了2月24日，德国步兵横扫西线，穿越法军战壕，占领杜奥蒙堡。但驻守在凡尔登的法军没有撤退，他们奋力抵御德军进攻，充分体现了法兰西人的意志和精神。通过巴勒杜克—凡尔登公路（也称“神圣之路”），增援士兵和物资补给源源不断地运抵前方战场。德军的袭击和法军的反击交替上演。最终，法国在1916年收复失地。

这场拯救法国的爱国之战代价高昂：法德伤亡人数总计约70万。

地狱重现

1916年，协约国为了缓解法国要塞凡尔登的压力，在英国指挥官道格拉斯·黑格的建议下，命令英军和英联邦属军在法国北部的索姆河发动进攻。从1916年6月23日开始的8天里，协约国动用2 000多门火炮向德军进行轰炸；7月1日，英联邦步兵孤注一掷，试图冲进敌方战壕，近身作战。但德国人从极深的掩体中探出头来，用机关枪扫射前进的英国士兵。战斗持续了数月，双方都使用了毒气进行攻击，英国还调用了第一批坦克。到了1916年11月，协约国将战线往前推进了大约12千米，但为此付出了超过100

万人伤亡的代价。就战损比而言，这是“一战”中最惨烈的战役。

海战

协约国控制了海上运输通道，并借此运送物资和部队。尽管“一战”以陆战为主，但德国在日德兰海战（1916年5月）中试图挑战英国的“海上霸主”地位。在这场发生在北海，利用大型战舰作为武器的战役中，英国海军取得了战略性胜利，德国海军严重受挫。

开战后，英国海军全面封锁北海，阻止德军运送救援物资。自1915年2月起，德军采取报复性措施，派遣“U型潜艇”对过往北海的商船进行攻击。协约国因此损失了大量船只，但他们最终设法消除了潜艇的威胁：将商船部署在防御舰队中予以保护，并积极研发反潜战术，包括深水炸弹和探测水下U型潜艇的水听器设备等。

U型潜艇的频繁袭击造成了多起平民死亡事件，这造成了国际社会对德国的仇恨，也促使美国参战。

“卢西塔尼亚号”和齐默尔曼密电事件

1915年5月7日，一艘德国潜艇袭击了英国皇家邮轮“卢西塔尼亚号”。这艘豪华邮轮由纽约开往英国的利物浦，载有大量物资和1 900名乘客。德国声称该船携有武器，于是发射鱼雷击沉了这艘邮轮，1 200名乘客因此失踪，其中包括128名美国人。美国公众的强烈抗议迫使德国停止了潜艇袭击。但在1917年，由于西线僵局久久无法打破，德国重新启用U型潜艇，对过往船只无区别地进行攻击。德国的这一决定加深了美国公众对德国的负面印象。

1917年1月，英国情报机构截获了德国外长齐默尔曼发往墨西哥的密电（称为“齐默尔曼密电”），电文建议德、墨两国在美国参战之后建立军事同盟，并承诺帮助墨西哥夺回被美国占领的得克萨斯、新墨西哥和亚利桑那州失地。这份电报再次激起美国的愤怒。1917年4月6日，为顺从民意，伍德罗·威尔逊总统宣布美国加入协约国的行列。

美国的军事支持帮助协约国彻底扭转了战局。

垂死挣扎

在战争的最后阶段，俄国在1918年3月撤出战场，结束了东线战斗。东线德国守军得以调动，因此德军把战争的焦点转移到西线。随着社会主义革命在欧洲的蔓延，欧洲国家迫切需要快速赢得战争的决定性胜利。

1918年3月21日，德国统帅埃里希·鲁登道夫发动了“春季攻势”，旨在打破西线僵局、结束战争。鲁登道夫计划孤立英军，然后击溃法军：“我们应该在美国人投放大量兵力之前尽早发动进攻……我们必须击垮英军。”德军撤回曾与俄国交战的50万东线兵力，增援西线战场。他们投放毒气与烈性炸药，展开密集轰炸；同时，他们精心挑选身体素质过硬、训练有素的精英突击队成员渗入敌人后方。德军借着浓雾的掩护，突破英法军队的重重封锁，成功推进了65千米。巴黎因此进入德国远程大炮的射程，但德军的战线拉得过长，很快出现补给问题。

协约国得到了美军的增援，他们在西线联军总司令、法国指挥官费迪南·福煦的指挥下，组织了大反攻，史称“百日攻势”（1918年7月18日—11月11日）。

到了盛夏时节，鲁登道夫在佛兰德斯和法国发动的攻势已经难成气候；当年秋天到来的时候，节节败退的德军几乎全线崩溃。德国海军发生叛乱，而德国民众由于受到封锁的影响而纷纷抗议。

当1918年11月9日德皇威廉二世退位时，社会主义者正在策划一场革命。频发的叛乱使德国政客们确信德皇无力统治全国；因为战争失利、物资短缺及大饥荒，德国民众也把矛头指向德皇；最终，德军领导人也不再支持他的统治，德皇逃往中立的荷兰，开始了流亡生涯。

1918年11月11日，在法国北部贡比涅林区的专列上，法军统帅福煦与新生的德国社会主义政府代表团签署了停战协定。尽管停战协定结束了战争，但双方又花了6个月的时间对相关和平条款进行谈判，最终于1919年6月28日签署了《凡尔赛和约》。

工业化战争

获胜的协约国人民纷纷举办各类活动庆祝胜利，但协约国的损失和同盟国同样惨重。据估计，交战双方共有4 000万士兵和平民受伤，1 500万人死亡。这场战争的波及范围和伤亡人数前所未有，而且首次出现配有大规模杀伤性武器的大量军队。这一切都是工业革命带来的技术变革才能实现的。

士兵们随时面对重炮、机枪、迫击炮、手榴弹、炸药及毒气的威胁。由于生存条件极其恶劣，许多士兵死于炸伤、枪伤或感染性疾病。坦克和飞机被首次用于作战；德国的“齐柏林飞艇”对城市首次进行空中轰炸，这引发了高射炮的研发。第一批战斗机王牌飞行员横空出世，包括击落80架敌机的德国“红色男爵”；到了1918年，第一架轰炸机已被用来飞往敌后攻击目标。在战线的后方，利用大众传媒进行宣传和动员的方式，成功激起了民众对敌方的仇恨。

第一次世界大战彻底粉碎了从19世纪到20世纪初流行的乐观主义思潮，比如认为法治可以解决争端等。随着战争的残酷程度升级，面对严峻的生存斗争，不仅是军人，普通民众也纷纷放弃道德准则，各国背弃了共同商定的战时公约。

—3—

尘埃落定

第一次世界大战使欧洲满目疮痍，各国对领土、工业力量、资源和市场的争夺给欧洲大陆造成了不可估量的破坏。亲眼看见了文明走向野蛮的幸存者们，希望1918年11月的停战协定和1919年6月的《凡尔赛和约》会带来持久的和平。

处于破产状态的欧洲各国开始重建工作，而美国和日本得益于战时贸易，经济实力大增。然而，尽管美国经济在“咆哮的20年代”[①]得到了蓬勃发展，但在1929年也彻底崩溃，经济大萧条、持续的大规模失业和社会动荡纷至沓来。

一些国家对民主主义和资本主义丧失信心，转向了极

① “咆哮的20年代”指20世纪20年代，西方世界经济和文化在此期间持续繁荣。——编者注

权主义。起源于意大利的法西斯主义者认为自由民主制度已过时，同时也反对社会主义和共产主义的新思想。由军事独裁者贝尼托·墨索里尼领导的意大利成为一党制的法西斯国家，提倡纪律、国家责任、法律和秩序，认为这些高于自由价值观、民主和个人权利。而德国奉行一种国家社会主义的政权形式，拒绝个人自由，希望通过提升经济效率使国家获利，这就是国家社会主义（National Socialism）或纳粹主义（Nazism）。

战后经济低迷时期建立的魏玛共和国（德意志民主制共和国）受到战争赔款、债务和恶性通货膨胀的层层重压，最终走向失败，给了纳粹可乘之机。纳粹领导人阿道夫·希特勒计划再次扩大德国疆域。希特勒联合其盟友墨索里尼，将世界引入了第二次全面战争，规模甚至超过第一次世界大战。

尽管两次世界大战期间充满了经济和政治动荡，但科学领域还是取得了巨大的进步。比如，1927年科学家提出了一个假说，即宇宙起源于数十亿年前的“大爆炸”（Big Bang），大爆炸产生的能量创造了物质。这一理论现在仍然是对很多宇宙现象的最佳诠释，比如宇宙微波背景辐射等。第二次世界大战期间，许多科学研究致力于武器的研发，但在医疗进步方面也有所贡献。

苦乐参半的归家之途

1918年11月11日11时，西线的炮火停止，第一次世界大战就此结束。一位协约国的下士这样描述战场的寂静气氛："德国士兵从战壕里爬出来，向我们鞠了一躬，然后就走了。就是这样。除了饼干之外，我们没有其他东西可以拿出来庆祝这一时刻。"不过，巴黎、伦敦和纽约的庆祝活动热闹非凡。这场历时4年的血腥战争终于彻底结束了。

但许多饱受战争的摧残且营养不良的士兵却再也回不了家，因为有一种致命的病毒在战场四处蔓延，使大量士兵和平民受到感染。从1918年到1920年的两年间，肆虐的流感夺去了大约5 000万到 1亿人的生命，因此丧生者占世界人口的5%，是战时死亡人数的好几倍。参战的欧洲国家对这次流感的报道带有明显的政治色彩，而中立的西班牙则准确公布了流感的各种影响，因此人们把这次流感命名为"西班牙流感"。这是近代史上杀伤力最强的流行病。

1918年，一份美国医学杂志指出，刚刚过去的4年半，医学研究一直致力于将男性送上火线，现在必须掉转方向，全力对抗这种"全民传染的强大敌人"。微生物理论、防腐剂和疫苗研发领域的进步以及公众对旅行限制的认可有效阻止了病毒的传播。

德国蒙羞

在1918年11月签署的停战协定中，德国接受了美国总统伍德罗·威尔逊提出的和平谈判要点——“十四点计划”。按照威尔逊的设想，世界各国解决分歧时主要通过谈判解决，而非诉诸战争，且无须美国干预；同一民族的人民拥有自治的自主权；未来世界不应建立帝国，应该裁减军备和军队；禁止秘密条约，借助国际联盟来维护世界和平。

由美国总统伍德罗·威尔逊、英国首相戴维·劳合·乔治和法国总理乔治·克列孟梭牵头的协约国带着这些理念，就对德提出的正式和平条款进行了协商，整整花了8个月的时间。这些条款悉数体现在《凡尔赛和约》中。1919年6月28日，魏玛共和国（德意志帝国的继承者）在巴黎附近的凡尔赛镜厅签署了该条约。

《凡尔赛和约》和其他辅助条约瓜分了没落的同盟国的领土，包括德意志帝国、奥匈帝国和奥斯曼帝国。该和约把发动战争的责任完全归咎于德国，勒令德国向遭到战争破坏的国家提供战争赔款。阿尔萨斯和洛林被归还法国；其他德属领土分别由英国、比利时、丹麦、捷克斯洛伐克、波兰和苏俄等进行管理；爱沙尼亚、立陶宛和拉脱维亚等东欧国家建立。德军规模降至10万人，海军战舰缩减为6艘，禁用潜艇，裁撤空军。莱茵兰西部的重要工业区成为非军事区，由协约国军队进驻该地占领15年。和约还禁止德国再与奥地利合并。

克列孟梭和法国公众认为该和约对德国的惩罚恰到好处，但法国元帅费迪南·福煦则认为这一和约过于仁慈，唯恐新一代德国人会实施报复。他说："这不是和平协议，这只是一份持续20年的停战协定。"而威尔逊和劳合·乔治却担心该和约过于苛刻，认为正常运作的德国可以充当防止共产主义传播的坚强壁垒。

德国公众对该和约无比憎恨。德国报纸《德意志报》（*Deutsche Zeitung*）做出了这样的评论："我们将会永远抗争，直到赢回我们应得的一切。"该和约的确是一条勒在德国脖颈上的经济锁链。

威尔逊梦寐以求的国家联盟成为现实，但美国国会担心因此丧失美国主权，并希望置身于欧洲事务之外，于是投票不加入国际联盟。这一联盟维护世界和平的目标注定会以失败告终。

哈布斯堡王朝败落

1804年，神圣罗马帝国的统治者哈布斯堡王朝开始统治奥地利帝国，其对神圣罗马帝国的统治历史从15世纪一直持续到18世纪。1867年，为了平衡欧洲迅速崛起的各国力量并响应匈牙利民族主义运动的号召，哈布斯堡王室协同匈牙利建立了一个二元君主制政权，对奥匈帝国进行统治。这个庞大的多民族帝国历经无数次内部冲突，现在它将被迫吞下“一战”期间与德国结盟的恶果。战后，饱受战争之苦的奥匈帝国分裂成了几个独立的民族国家。捷克人多年以来一直与奥地利统治者进行斗争，斯洛伐克人也在反抗匈牙利。因此，在“一战”期间，大批捷克人和斯洛伐克人从俄国前线叛逃，这丝毫不足为奇。1918年，捷克斯洛伐克宣布独立。

同样，在奥匈帝国最南端，由克罗地亚人、塞尔维亚人和斯洛文尼亚人组成的联盟宣布独立；后来塞尔维亚共和国加入，成立塞尔维亚-克罗地亚-斯洛文尼亚王国。1929年，更名为南斯拉夫王国。

1918年11月11日，也就是“一战”的停战日当天，哈布斯堡王朝的统治历史也画上了句号。奥匈帝国的最后一任统治者卡尔一世废除君主制，解散奥匈联盟，奥地利共和国成立。协约国和奥地利、匈牙利分别签署了单独的和平协议，将奥匈帝国占领的土地划归新近成立的捷克斯洛伐克和南斯拉夫、重建的波兰共和国，以及罗马尼亚王国和意大利；并勒令奥地利和匈牙利向遭到战争破坏的邻国进行赔偿。

目前实施货物、资本和劳动力自由流动的欧洲联盟（简称“欧盟”），被戏称为多国奥匈帝国模式和前神圣罗马帝国的复兴。许多奥匈帝国解体后出现的国家现在都是欧盟成员国。

奥斯曼帝国解体

1918年，信奉伊斯兰教的奥斯曼帝国已经支离破碎。

奥斯曼帝国是个多民族国家，领土主要集中在安纳托利亚，也向欧洲东南部和中东地区有所延伸。1908年推翻苏丹统治后，青年土耳其党人建立的政府曾经承诺进行民主改革，但专制统治从未改变。1918年11月停战协议签订前夕，奥斯曼帝国寿终正寝。

在1920年由协约国拟定的《色佛尔条约》中，协约国成员对奥斯曼帝国的领土进行了瓜分，其中希腊占领了奥斯曼帝国的爱琴海海岸线。

信奉基督教的亚美尼亚人曾在奥斯曼帝国的统治下惨遭杀戮，现在终于建立了自己的国家。依据1916年的秘密协议《赛克斯–皮科协定》，在当地人民拥有自治能力之前，奥斯曼帝国统辖的阿拉伯地区将成为英国（控制伊拉克、外约旦和巴勒斯坦）和法国（控制叙利亚和黎巴嫩）的托管区。这与费萨尔王子在英国上校T. E. 劳伦斯的鼓励下发动起义反抗奥斯曼帝国统治的初衷相悖——费萨尔王子要求直接独立。协定条款激怒了哈希姆王族和费萨尔王子，他们为了叙利亚的独立与法国开战，但以失败告终。遭到叙利亚驱逐的费萨尔接受了英属伊拉克托管区最高统治者的角色。

1917年的《贝尔福宣言》还为阿拉伯独立设置了进一步的障碍。英国外交大臣阿瑟·贝尔福曾向英国犹太人承诺，支持犹太复国主义者（犹太民族主义者）在其圣地巴勒斯坦建国，这一承诺导致了迄今为止世界上最棘手的地区争端——阿拉伯和以色列之间的冲突。

协约国对奥斯曼帝国领土的划分忽略了种族、宗派和部族差异，因此衍生了一系列严重后果。例如，伊拉克由三个前奥斯曼帝国的行政省合并而成，分别以什叶派、逊尼派和库尔德人为主。自此，这个国家频繁经历边境争端，以及与邻国伊朗的战争、什叶派和逊尼派穆斯林之间的内部冲突、针对反叛的库尔德人的种族灭绝运动和美国及其盟友的入侵等。直到今天，该地区形势仍然扑朔迷离。

浴火重生的土耳其

奥斯曼帝国政府签署了《色佛尔条约》，但加利波利的民族英雄穆斯塔法·凯末尔·阿塔蒂尔克对此予以拒绝。阿塔蒂尔克主张土耳其的穆斯林要在原有的领土安纳托利亚建立家园。但他的诉求遭拒，因为希腊宣称拥有安纳托利亚西部和东色雷斯地区的主权。而英国对君士坦丁堡的占领，引发了阿塔蒂尔克率领的土耳其民族主义力量反对希

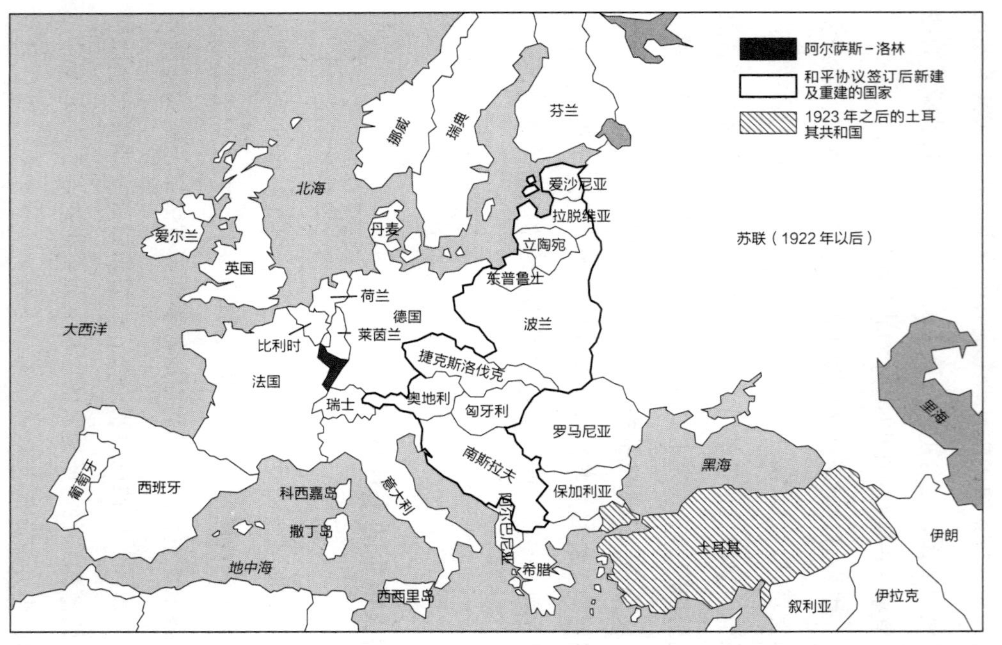

图 3 1918 年达成和平协议后的欧洲、中东状况及 1923 年土耳其共和国的形成

腊的独立战争（1919）。1923年，阿塔蒂尔克获胜，建立了现代土耳其共和国，定都安卡拉，阿塔蒂尔克出任总统。

战争期间，土耳其在俄国布尔什维克政权的支持下获得了安纳托利亚东北部。这一行为遭到美国总统伍德罗·威尔逊的强烈谴责，他曾设想在那里建立一个独立的国家，让信奉基督教的亚美尼亚人在摆脱奥斯曼帝国的统治之后休养生息。但土耳其的做法没有受到任何国际干预，阿塔蒂尔克对此发出这样的感慨："可怜的威尔逊不明白，任何条款都无法保护没有刺刀、武力和荣誉守护的国家。"

这一事件完全暴露了国际联盟的弱点。土耳其边界最终在1923年的《洛桑条约》中得到认可。亚美尼亚被苏俄吞并，于1922年成为苏维埃社会主义共和国联盟（下称苏联）的一部分。

激进的俄国

由于战争损失、国内贫困和政府对工人阶层漠视，1917年2月俄国爆发革命。1905年俄国第一次革命后，沙皇尼古拉二世曾经做出让步，同意进行改革，但他从未兑现他的承诺。此时，人们纷纷指责尼古拉二世，把他当作俄国社会苦难的罪魁祸首，随即推翻了沙皇的专制统治。代替沙皇统治的革命民主主义临时政府一直在全球冲突中坚持战斗。更为激进的革命思想快速传播，导致了“十月革命”的爆发。在这次革命中，共产主义者——布尔什维克推翻了设在彼得格勒（圣彼得堡，1914年由帝国政府改名为彼得格勒，1924年布尔什维克将其改名为列宁格勒，1991年苏联解体后改回圣彼得堡）的临时政府。

布尔什维克是俄国社会民主工党的党内革命派，其成员自称为工人阶级的先锋，承诺工人将会获得食物、土地、工厂控制权以及立法权。其领导人弗拉基米尔·列宁曾因从事革命活动遭到沙皇流放，期满后出国。1917年，列宁在德国的秘密帮助下返回彼得格勒，德国人料定他会为彼时的俄国制造“麻烦”。正如德国所预料的那样，列宁无意让俄国继续参与“一战”，发动革命4个月后，他领导的政府于1918年3月在布列斯特–立陶夫斯克（今白俄罗斯境内）与德国等国举行和平谈判。

布尔什维克接管了前沙俄帝国的领土，内战随后爆发。在这场战争中，为了阻止白军（反共产主义联军，与布尔什维克的红军相对）的反扑，布尔什维克处决了俄国沙皇及其家人。尽管包括美国在内的外国力量对此进行了干预，但红军还是在1922年取得了胜利，并建立了苏联，这是一个由苏联共产党执政的联邦国家。

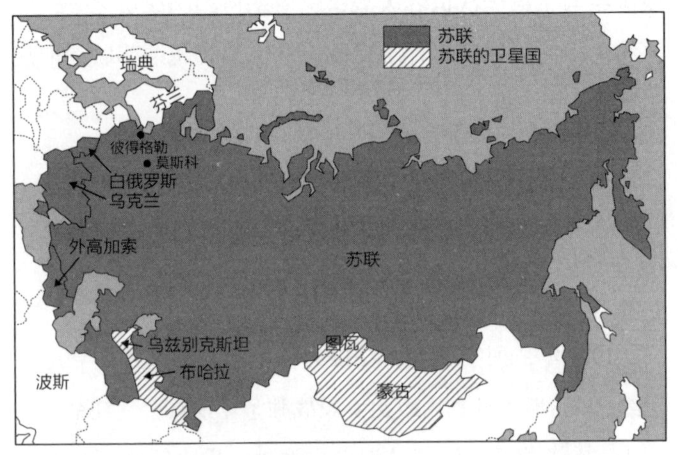

图4 1922年苏联成立时的俄罗斯、外高加索、乌克兰和白俄罗斯

苏联的政治理念建立在列宁和19世纪经济学家马克思的思想基础之上。布尔什维克旨在改变社会的资本主义特性，建立由工人阶级占统治地位的社会主义国家，即无产阶级专政国家。他们致力于确立苏联社会主义制度，并大力支持其他地区和国家的共产主义革命。他们的终极目标是建立共产主义社会，即无阶级、无国籍社会，以生产资

料的共同所有和按需分配原则为特征。

有关苏联新政权和新社会的报道鼓舞了世界各地的工人阶级，并撼动了西方政府（尤其是美国）的根基。尽管俄国参与了第一次世界大战，也曾是协约国成员之一，但协约国拒绝承认布尔什维克政府，也没有邀请苏联参加凡尔赛的和平会谈。

斯大林的铁拳

1924年，列宁逝世。在权力斗争中，苏联共产党总书记约瑟夫·斯大林利用政治手段战胜了竞争对手、红军领袖列夫·托洛茨基，使其被迫流亡海外，后来托洛茨基遭到暗杀。

斯大林自此开始把控苏联。为了振兴苏联工业，斯大林在1928年开始推行第一个五年计划。这一经济计划为工厂工人制定目标，从富农（拥有土地的农民）手中夺取土地，建立集体农场。这些举措的失败造成了20世纪30年代的乌克兰大饥荒。在1953年去世前，斯大林一直是苏联的领导者，他曾发动“肃反”运动，并将数百万人流放到劳改营。

尽管斯大林的相关政策促进了苏联的工业发展，并在冷战期间积聚了与美国抗衡的强大军事力量，但这种计划体制的弊端也显露无遗。20世纪下半叶，苏联共产主义制度的吸引力逐渐减弱。斯大林的管理模式使英国作家乔治·奥威尔获得灵感，创作了反乌托邦小说《1984》，该小说出版于1949年。

中华民国

20世纪初的中国，社会动荡不安。腐朽落后的清政府不得人心，其曾经引以为傲的官僚体制臃肿无能，政府闭关锁国，面对列强的侵略毫无还手之力。因为《辛丑条约》而蒙受的耻辱促进了国内民族主义的发展壮大。

革命家孙中山是中国民族主义者的代表，他认为腐朽的清政府应该让位于民主共和国，中国要想赶超西方，必须借助现代化与工业化技术。

在1911—1912年推翻清政府的革命中，孙中山发挥了至关重要的作用，并于1912年出任中华民国临时大总统，结束了中国长达4 000年的封建专制统治。随后，他领导中国国民党与军阀对抗，因为在动荡不安的战争时期，各路军阀已经控制了中国的大部分地区。

五四运动

1917年，中国作为协约国成员参与第一次世界大战，派遣10多万军队加入协约国阵营。这基于以下共识：战争结束后中方拿回德国占领的中国领土，比如东部沿海省份山东。美国总统伍德罗·威尔逊的和平理念使中国知识分子大受鼓舞，他们对《凡尔赛和约》寄予厚望。但结果出人意料，山东被转让给了日本，希望彻底破灭。

巴黎和会上中国代表团的外交失败引发了一场抗议。1919年5月4日，3 000多名学生在北京举行示威活动。知识分子、爱国商人和工人随后加入，抗议活动在中国各个城市迅速蔓延开来，引发了新文化运动的开展。中国国内的民族主义情绪高涨，到处是抵制日货的浪潮。历史学家西奥多·H. 冯·劳厄认为这是中国第一次爆发爱国主义的政治风潮，并认为五四运动将中国引向了共产主义。

红色中国

西方各国对待中国的态度令孙中山深感失望，他转而求助于苏联的布尔什维克。1923年，布尔什维克先后帮助国民党及当时人数较少的中国共产党对抗中国军阀。

1925年，孙中山去世。他的继任者蒋介石利用军事力量及政治攻势统一全国，通过北伐战争击败了军阀。1927年，国民党的影响力进一步扩大。这时，出人意料的事情发生了：作为军事指挥官的蒋介石无情地背叛了自己的共产主义盟友。他的军队在上海大肆屠杀共产主义者，幸存者被迫逃往中国南方的偏远地区。蒋介石宣布国民党领导的政府才是这个统一国度的唯一合法政府，他的做法引发了国民党和共产党之间的矛盾。

与此同时，日本军国主义及其扩张野心昭然若揭。1931年，日本入侵中国的东三省，并扶植清朝末代皇帝溥仪建立傀儡政权。在日本入侵东三省并竭力控制该地区时，蒋介石正在全力镇压中国共产党。1934年，为了打破蒋介石军队的“围剿”，毛泽东（未来的中华人民共和国主席）率领共产党军队进行了长达25 000里（12 500千米）的长征，从江西南部出发，最后到达偏远的西北陕甘苏区。“万里长征”

是一项伟大的壮举，毛泽东自此成为中国共产党的领导人。

1937年的日本全面侵华行为迫使国民党和共产党开始了暂时性的合作关系，在抗日战争中结成统一战线，共同对抗外敌入侵。

随着日军的推进，蒋介石政府放弃了上海。1937年12月，日本在南京对妇女和战俘实施的暴力行为震惊世界，史称“南京大屠杀”。日本对中国的持续蹂躏促使中国在1941年12月美国对日宣战之后加入同盟国一方，成为“二战”的参战国。

从参与“二战”到1945年日本投降，国民党和共产党的内部斗争从未停止。尽管拥有美国的支持，但国民党最终还是成为共产党的手下败将，并于1949年逃往台湾。毛泽东在北京宣布成立中国共产党领导的新政府。

超级大国的萌芽

“一战”后，欧洲各国因为经济倒退、基础设施破败而焦头烂额，他们倾尽全力进行恢复和重建；而美国却经历了经济上的大繁荣，这得益于同盟国为战争贷款支付的巨额还款和美国工业的高额利润。20世纪20年代的美国已经彰显出在这个世纪末成为世界超级大国的经济潜力。

战时起家的美国军工业，迅速扩展到电器、化工产品、汽车及相关产业，并辅之以高额的进口关税，限制国外竞争。这是哈定和柯立芝总统在任期间的政策，从1921年延续至1929年。美国公司接管了被欧洲各国忽略的客户和市场，并通过在证券交易所出售股票来提高资金筹集能力。

美国一边大力发展工业生产，一边通过分期付款的消费方式刺激公众消费，也就是允许人们贷款购买汽车、电话、收音机及节省劳力的家用电器。战争期间的宣传技巧被大量运用于商品广告宣传。20世纪20年代，美国人的汽车购买量再创新高，导致已有公路无法满足需求。于是，由私人投资的公路建设逐渐兴起（20世纪之前美国拥有的公路很少）。

在“咆哮的20年代”，人们无忧无虑，爵士乐和查尔斯顿舞风靡全美。F. 斯科特 · 菲茨杰拉德在1925年出版的畅销小说《了不起的盖茨比》反映了“爵士时代”的典型特征。1924年，美国的爵士音乐和爵士文化传到了欧洲。那里人们的生活水平正在改善。得益于社会住房保障计划，很多工人阶级住上了面积不大但配备电力及上下水管道的住房。

由于20世纪上半叶科学家发现了有助于预防疾病的营养素（比如维生素），公共卫生状况也在不断改善。受到法国时装设计师可可·香奈儿的设计理念影响，从紧身胸衣中解放出来的女性开始穿上及膝裙或中性风格的服装。留着短发的叛逆女孩被称为“摩登女郎”。

1928年，新共和党总统赫伯特·胡佛宣布美国已经战胜贫困。然而，陷入困境的美国经济与他的信心百倍形成了鲜明对比：由于享受不到经济繁荣带来的诸多好处，美国农民和非裔黑人的生活依然困苦不堪；男女不平等，女性工资微薄；股市摇摇欲坠，随时可能崩盘，这可能使整个世界都陷入经济困境。

华尔街大崩溃

1929年10月29日，纽约的金融泡沫破裂，引发遍布全球的资本危机。市场监管的不规范导致股票价格暴跌。一天之内，人们出于恐慌而低价抛售的华尔街股票超过1 600万股。银行关门，私企倒闭，投资者破产。美国紧急要回向英法提供的战争贷款。出于贸易保护主义设置的关税壁垒阻碍了外国商品的进口，使危机影响在全球范围内进一步扩散。

经济大萧条从此开始，影响大多数工业国家的大规模失业潮也就此出现。1929—1933年，世界贸易萎缩了65%（以美元价值计算）。纽约的失业工人高举“一周薪酬一美元”的标语走上街头，要求重新就业。1934年，席卷美国大平原的沙尘暴带来了更大的灾难，导致数千名来自俄克拉何马州的农民向西迁移，约翰·斯坦贝克在《愤怒的葡萄》（*The Grapes of Wrath*）中描述了这个混乱的移民场景。

人们普遍认为美国总统胡佛是此次危机的罪魁祸首。1932年，民主党候选人富兰克林·D. 罗斯福取代了他的位置。罗斯福向美国人民承诺实施新政，包括进行改革、改善公共工程及取消不受民众欢迎的禁令（饮酒禁令）等。20世纪30年代末，“二战”的爆发刺激了工业发展，创造了更多的就业机会，美国的经济大萧条因此终结。

遍地开花的民主

经历“一战”的灾难之后，美国总统伍德罗·威尔逊鼓励饱受战争蹂躏的欧洲国家建立拥有更广泛政治基础的多党制民主政府，让人民在政府决策中享有更多发言权。在奥斯曼帝国的灰烬中重生的土耳其共和国，采用了议会制；脱胎于奥匈帝国、德意志帝国、沙俄边境的新生国家或重建国家大多采用代议制，比如捷克斯洛伐克、南斯拉夫、波兰、奥地利、匈牙利、芬兰、爱沙尼亚、拉脱维亚和立陶宛等。经历了激烈的战争之后，爱尔兰南部地区于1922年脱离英国独立，建立了自己的民主共和国——爱尔兰自由邦。尽管民主思想四处传播，但是它在面对暴力、镇压、强权精英的操纵、战争和经济萧条的影响时，仍给各国政府提出了巨大的挑战。

一些世界范围内比较成功的民主国家扩大了它们的公民权利。妇女因为战争时期的突出表现受到尊重，获得选举权。这在20世纪初还是颇具争议的问题，此时在大多数西方国家都已经司空见惯。为国家英勇作战的工人阶级要求和富人享有同样的权利，迫于公众压力，德国（1919）、荷兰（1919）、波兰（1919）、英国（1928）、土耳其（1934）、法国（1944）和意大利（1945）先后采用普选制。美国女性从1920年开始享有选举权；尽管1870年的宪法规定非裔美国人拥有选举权，但是对于他们参与选举的种种限制直到1965年才真正取消。

法西斯的丑陋面孔

20世纪20年代，意大利的民主体系崩溃，被称为法西斯主义的极右政治意识形态取而代之。法西斯主义者反对共产主义，这些民族主义者主张对国家利益的完全屈从（极权主义），是以牺牲民主和自由为代价的军国主义和精英主义统治。

意大利人认为《凡尔赛和约》中划归意大利的小块领土与高昂的战争代价不符。国内经济不稳很快导致了社会危机，被称为“红色两年”（1919—1920）。危机中诞生的法西斯主义者向公众做出承诺：阻止共产主义传播，使意大利重归荣耀。该组织的创始人是贝尼托·墨索里尼，他拥有暴力民兵组织“黑衫军”的支持。墨索里尼推崇武装斗争。1932年，他写道：“只有战争才能将人类的潜质发挥到极致，并将高贵的印记打在那些敢于面对的勇士身上。”他反对列宁和威尔逊主张的国际主义理念，认为这是“令人恶心的”。1925年，被尊为“国家救星”的墨索里尼对意大利实施一党制极权专政。在其扩张主义外交政策的指引下，意大利于1935年入侵埃塞俄比亚。“一战”期间本来相互对立的意大利和德国在反对共产主义和社会主义的斗争中逐渐靠拢，在1939年签署《钢铁条约》时正式确定了两国的友好关系，条约中承诺战时两国要相互帮助。

20世纪30年代，社会主义浪潮蔓延到了深受经济大萧条困扰的西班牙。1931年，在“一战”期间选择中立的西班牙成为共和国，选举产生了反对君主制的左翼政府，国王阿方索十三世流亡海外。1936年，弗朗西斯科·佛朗哥将军领导的右翼民族主义者发动军事政变，随后西班牙的国内政治斗争达到高潮。这场政变使四分五裂的西班牙陷入内战。佛朗哥与西班牙民族主义者得到了纳粹德国、法西斯意大利以及君主主义者、罗马天主教会、军队和地主们的大力支持。民族主义者坚信他们是在捍卫西班牙的传统，以对抗具有社会主义倾向的左翼政府——该政府从贵族手中夺取土地，把教育从天主教会转向世俗机构，并试图削弱军队力量。

西班牙内战的另一方是共和党人（“效忠派”），他们忠于左翼共和国，得到了苏联和墨西哥的共产主义者的支持，以及法国的非官方援助。法国害怕一旦西班牙落入民族主义者手中，自己就会遭到法西斯势力（德国和意大利）的重重包围。来自世界各地的理想主义者、社会主义者和共产主义者纷纷加入这场反对法西斯主义的斗争。共和党人认为他们是在捍卫民选政府。1943年，英国作家乔治·奥威尔记录了他与其他共和党人的经历："在这里，我们是革命军队的战士，保卫民主不受法西斯的破坏。我们是为正义而战。"最终，装备精良的民族主义者获胜。自1939年开始，佛朗哥开始了对西班牙长达36年的专制统治。

佛朗哥的独裁统治无情镇压了所有反对派，但在他1975年去世之后，他推崇的政治体制也随之终结。国王胡安·卡洛斯一世是佛朗哥生前选择的继任者。在卡洛斯一世的支持下，西班牙逐渐向民主政体过渡，转变为君主立宪制国家。佛朗哥的雕像和纪念碑遭到拆除；至今，西班牙民众还在谴责佛朗哥统治期间发动的血腥谋杀和侵犯人权的恶行。

陷入危机的魏玛共和国

"一战"结束时，德国受到失败的打击而摇摇欲坠。德国民众处于饥饿线上，不断发起反抗行动；社会经济一片狼藉。发生在乌克兰基辅的水手叛乱引发了德国的"十一月革命”（1918年11月—1919年8月）。这是一场不流血的和平革命，导致德皇退位，新生民主政府成立。

新成立的魏玛共和国承担了重建家园的艰巨任务。德国国会（议会）的执政党——社会民主党认可改革的必要性，但德国到底需要什么程度的改革？以社会活动家罗莎·卢森堡为代表的激进社会主义者试图建立“无产阶级专政”，但不采用苏俄的模式。1918年12月，卢森堡和她所属的革命团体斯巴达克同盟成立了德国共产党，致使柏林的斯巴达克同盟成员与自由军团矛盾加重。右翼民族主义者和饱受战争摧残的士兵发生冲突，因为这些士兵憎恨共产主义者和左翼政治。混乱中，政府放弃了首都柏林，在魏玛建立了议会（1919—1933），魏玛共和国因此得名。斯巴达克同盟成员遭到逮捕，无力反抗自由军团的卢森堡与其他领导人被杀害。

1919年6月，魏玛政府因为签署《凡尔赛和约》受到严厉谴责。1920年3月，右翼记者沃尔夫冈·卡普在军队和自由军团的支持下，抓住时机占领柏林，这就是旨在建立右翼民族主义政府的“卡普暴动”。恰在此时，1 200万德国工人举行大规模罢工，使全国陷入瘫痪，魏玛民主政府得到喘息之机。

1923年，魏玛政府面临破产。因为德国拖欠战争赔款，法国和比利时军队占领了德国工业区鲁尔山谷。此举进一步抑制了德国经济，恶性通货膨胀加剧，德币马克严重贬值，中产阶级储蓄大幅缩水。1923年，年初价值250马克的面包，到了11月已经涨到2 000亿马克。德国人被迫使用手提箱领取工资，纸币变得一文不值，人们甚至把纸币当作引火材料。

恶性通货膨胀造成的种种困难导致了政治上的两极分化，频发的反叛被军队迅速镇压。巴伐利亚的极右势力获得了准军事组织的支持，他们计划在退役士兵阿道夫·希特勒的领导下进军柏林，开启德国的独裁统治，就像墨索里尼1922年在意大利带领法西斯分子所做的那样。但是，希特勒未能获得德国军方的支持，他于1923年11月8日在慕尼黑一家啤酒店发动的“啤酒馆暴动”很快被警察武力镇压。希特勒因此遭到监禁，危机暂时平息。

1924—1929年期间，德国的货币价值逐渐趋于稳定，“咆哮的20年代”这个说法也见证了德国经济发展的成效。议会民主制和共和政体幸存下来，但1929年的纽约华尔街股灾却越来越近。

纳粹的崛起

1929年的经济大萧条使德国陷入新的经济危机，阿道夫·希特勒即将崛起。1923年慕尼黑“啤酒馆暴动”后，希特勒被判处5年监禁。实际上，他的真正刑期不到9个月。在魏玛共和国早期，希特勒已经成为德国纳粹党（民族社会主义德意志工人党）的重要成员。在纳粹准军事部队——纳粹冲锋队的支持下，他发动了反对共产主义的运动。为了模仿意大利墨索里尼的法西斯分子身着黑衫的传统，纳粹冲锋队身着棕色制服，其成员来自支持纳粹的自由军团和其他暴力团体。

经过纳粹宣传部部长约瑟夫·戈培尔的鼓吹，纳粹党于1933年1月获得民众支持，希特勒成为德国总理，领导联合政府。一个月后，国会大厦毁于一场大火。希特勒因此对共产党人横加指责，并以火灾为由动用紧急权力。希特勒废除了德国国会，他所憎恨的民主政府就此终结。同年3月，纳粹警察把共产主义者、社会主义者和工团主义者发配到达豪集中营服苦役，这是纳粹建立的首个集中营。

《凡尔赛和约》承诺的战争赔款大大限制了德国经济的发展，希特勒认为这是德国的奇耻大辱。1933年，他不再偿还战争赔款，他的追随者因此大量增加。为了加强纳粹对德国的控制，他鼓励支持者焚烧一切“与德国无关”的印刷品，包括犹太人和左翼作家撰写的书籍。1934年，他开始大肆谋杀政敌，其中包括纳粹冲锋队队长。此举使德国军队站到了希特勒一边，史称“长刀之夜”。

1934年，德国总统保罗·冯·兴登堡去世，希特勒自封为第三帝国元首领袖，第三帝国是纳粹德国的自我称谓。（第一帝国指中世纪的神圣罗马帝国，第二帝国指1871—1918年的德意志帝国。）

在1939年之前的几年中，许多德国人认为希特勒的独裁统治带来了积极的经济变革。希特勒利用宣传树立起了德国“救世主”的形象，他在消除帝国反对者的过程中赢得了民众的狂热支持。

对纳粹无比忠诚的准军事安全部队，即身着黑色制服的纳粹党卫队，对希特勒的任何意愿都会予以野蛮执行。在极端种族主义者海因里希·希姆莱的领导下，党卫队的队伍迅速壮大，发展成党卫军，并控制了德国警方。武装党卫军成员被编入特种部队，而普通党卫军则控制警方，负责处理“种族”问题。截至1939年，100万纳粹党卫军中，就有25万人接受了种族仇恨教育及对元首的忠诚教育。

德国公然违背《凡尔赛和约》，重整军备，而希特勒向世人保证，军事集结完全是出于国家防御的目的。尽管1936年柏林主办了奥运会，但当时的希特勒实则忙于完善德国扩张和发动战争的秘密计划。他对高级将领们说：“德国需要更大的空间，以保护德国人民并使其繁衍。”希特勒的另一个目标是对犹太人进行最后清算。

—4—

全面战争的爆发

“二战”卷入了61个国家，约涉及全球人口的3/4。主要参战国为此投入了全部经济和工业资源，倾尽了全体国人的努力。1928年，苏格兰细菌学家亚历山大·弗莱明发现了抗生素。尽管弗莱明的发现很及时，拯救了无数受伤或存在感染风险的士兵，但这场战争的伤亡人数前所未有：据估计，有2 500万士兵、水手和飞行员丧生；死亡的平民更多，人数在3 000万到6 000万之间。此外，作为第二次世界大战的一部分，日本侵华战争致使中国平民的死亡人数高达3 000余万，双方军事人员死亡人数超过400万。

敌对状态结束后，世界呈现出新的地缘政治版图：共产主义在东欧占主导地位，美国成为超级大国，而西欧对全球事务的影响减弱。

战争准备阶段

1936年，希特勒开启了德国扩张军备的第一步——控制德国西部的莱茵兰工业区，该地区自第一次世界大战结束后一直由协约国控制。两年后，德国公然违背《凡尔赛和约》相关条款，实现德奥合并，德国与奥地利成为一体（奥地利人也讲德语，是希特勒的故乡）。“一战”结束前成立的国际联盟，试图阻止德国的扩张进程，但事实证明无效；协约国成员英国与法国则希望通过绥靖政策避免大范围战争的再次爆发。然而，德国得寸进尺，再次无视《凡尔赛和约》的附加条款，扩充军备，组建军队，并投资研发现代化坦克与飞机。英国、美国和苏联试图通过提高自身军事实力来对抗德国的潜在威胁，全球经济随之呈现出短暂的繁荣发展的态势。

希特勒希望欧洲所有讲德语的国家都能并入德国，并明确表示他打算接管捷克斯洛伐克的德语区——苏台德区。1938年9月，英、法与德国签署了《慕尼黑协定》，以希特勒不再提出扩张要求为条件，认同希特勒吞并该区域。英国首相内维尔·张伯伦宣称该协议“为我们的时代带来了和平”。但数月后，希特勒要求波兰割让波罗的海的自由港但泽（今格但斯克）和另一部分领土，被波兰政府坚决拒绝。

联盟形成

1936年，德国和意大利首先结成联盟：柏林—罗马轴心。1939年5月，他们签署的《钢铁条约》强化了这一联盟。出人意料的是，德国与苏联在同年的8月份达成了《苏德互不侵犯条约》。1940年9月，日本与德国、意大利结成了三国同盟（Tripartite Pact）[①]，被称为轴心国。

法国和波兰早在1921年就已结盟。1939年，英国也同意以正式军事盟友的身份支持波兰。因此，当德国在1939年9月1日入侵波兰时，英国立即对德宣战。

闪电战

希特勒为战争做好了充分的准备，战争爆发前夕的德

① 此处的“三国同盟”与此书31~32页所指不同。——编者注

军拥有250万兵力、5个装甲师（坦克师）、1 000多架空军战斗机和轰炸机。当苏联红军从东线进入波兰时，由于双方力量悬殊，1939年10月6日波兰全境被占领。“闪电战”是德国在战争前期部队推进的主要模式。借助现代化机械设备，辅之以空军的覆盖性打击，装备精良的德国战争机器采用闪电战战术，顺利碾轧比利时、荷兰、卢森堡、丹麦和挪威。这些国家中没有哪个具备匹敌第三帝国的能力，荷兰军队甚至连坦克都没有。

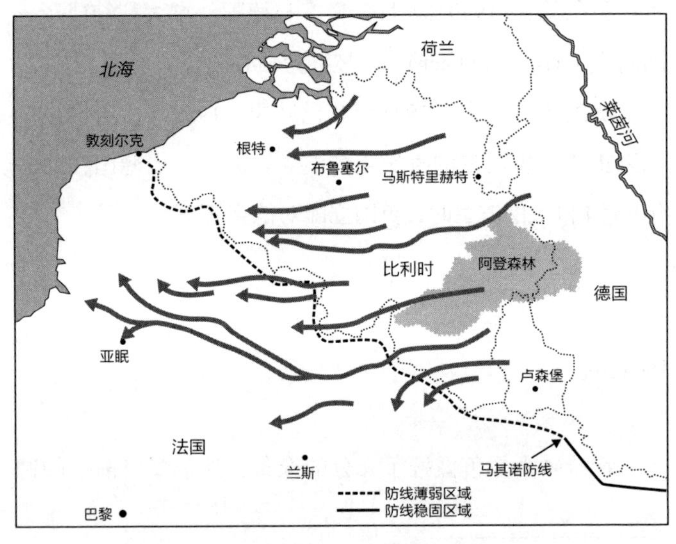

图5 德军穿越比利时奔赴法国的推进路线

法国沦陷

法国采取的战术与闪电战形成鲜明对比，他们将庞大且装备精良的军队驻扎在马其诺防线后，这条防御工事从阿尔卑斯山脉一直延伸到靠近卢森堡的比利时边境。

“二战”爆发前，英国的征兵制度已经开始实行。1940年5月初，随着纳粹军队向法国推进，一支英国远征军加入法国和比利时军团，准备抵御德国的进犯。但盟军的作战计划有一个弱点：法国人认为马其诺防线坚不可摧，因此在很多地方疏于防卫。事实证明该防线对于德国人来讲几乎形同虚设，德国装甲坦克在阿登森林顺利推进，如入无人之境。

德军装甲部队先把盟军打散，机动步兵紧随其后，将部分盟军部队困在海岸上。1940年6月，意大利加入德国战团，纳粹仅仅用了6周就占领了法国全境。流亡英国的夏尔·戴高乐将军领导了“自由法国抵抗运动”；而“一战”中凡尔登战役的法兰西英雄——菲利普·贝当元帅在维希成立了法国傀儡政府，避免了第一次世界大战的悲剧重演。

秘密战争

自由法国抵抗组织和其他党派运动的成员来自各行各业，其中包括法国哲学家让-保罗·萨特。后来，他和伴侣西蒙娜·德·波伏瓦对存在主义做了不懈的探索。许多抵抗组织的领导人都在战后政治生活中担任重要角色，比如约瑟普·铁托后来就成为南斯拉夫的终身总统。

对于法国间谍和游击队员来说，抵抗运动的风险极高：德国纳粹党卫军（纳粹党的精英兵团）通常会处决被捕者并对抵抗组织进行血腥报复。1942年，党卫军高级官员赖因哈德·海德里希在捷克斯洛伐克遭到暗杀，党卫军因而将事发地利迪策村的200多人全数杀光。

武装游击队主要通过在欧洲德占区开展游击战，打击德国人。常见的打击形式包括暗杀、破坏和起义，比如分别于1943年、1944年发生在波兰华沙犹太人区的两次起义。1944年8月，自由法国抵抗组织奋起反抗占领巴黎的德军，并在当月的晚些时候为巴黎解放做出了重大贡献。面对德军的入侵，保加利亚选择了间接抵抗：进行政治抗议，阻止德国驱逐犹太人；在1944年盟军发动欧洲解放战争后，通过铁路运输网络的消极怠工阻碍了德国军队的快速调动。

成千上万的敌占区普通民众纷纷采取力所能及的行动，参与抵抗运动。他们隐藏无线电、传递信息和向盟军报告德军行踪。

为了向抵抗运动提供帮助或获取重要信息，盟军向敌人后方空投间谍和特工。他们携带的某些装置就像“007”系列电影中使用的一样不可思议，比如在老鼠尸体内放置炸弹等。

敦刻尔克撤退

事实证明，希特勒的坦克和机动步兵坚不可摧、所向披靡。1940年5月下旬，英国远征军被困于法国北部海岸的敦刻尔克。但希特勒此时并没有派遣地面部队跟进，反而让他们撤退，命令德国空军轰炸地面盟军。这使盟军有了短暂的喘息时间，英国皇家空军及时抵达，对地面部队进行保护，这也给了英军向民众求助的机会。

从稚嫩少年到耄耋老人，民众不分长幼全员出动；渔船、救生艇、游艇，不论类别全部下水，组成浩浩荡荡的船队，多次横渡英吉利海峡，把英国、法国和比利时的士兵从敦刻尔克海滩上救了回来。这是一场失败中的胜利：

尽管盟军的大部分装备被迫丢弃，大多数（但不是全部）军事人员还是获救了。放眼当时的整个欧洲战场，唯有英国还在以举国之力，与纳粹展开不屈不挠的正面对抗。

不列颠战役

1940年5月10日，张伯伦辞职，温斯顿·丘吉尔成为英国首相。7月，不列颠战役拉开序幕。尽管德军的空袭常常照亮整片天空，但丘吉尔领导下的英国正面临最黑暗的日子。起初，德国空军只对军事基地进行轰炸。到了9月，闪电战开始了，德军对伦敦和其他城市实施夜间突袭。纳粹德国空军司令赫尔曼·戈林曾经声称，他领导的空军将为德国入侵英国扫清道路，但他的计划以失败告终。尽管英国皇家空军及其盟友的飞机数量不及德国，但他们的顽强抵抗导致德军的攻击成本攀升，德军最终被迫降低攻击强度。同年10月，希特勒放弃入侵英国的计划，而英国皇家空军的防御战是这场战争中的关键节点之一。丘吉尔专门做了一次著名的演讲，赞扬英国皇家空军：“从未有如此之少的人，为如此之多的人，做出如此之大的牺牲……”

1941年后，尽管德国空军的作战重点转向了苏联战场，但他们对英国的空袭从未停止。英国在欧洲本土没有驻军，因此空军轰炸是有效破坏敌人军事或工业目标的唯一途径，但常规轰炸行动不够精准，而且极其危险：能够真正击中目标的次数很少，英国皇家空军的损失却很大。于是绰号“轰炸机”的英国空军元帅阿瑟·哈里斯爵士提出了一种新型的空战模式——区域轰炸，也就是现在所说的“地毯式轰炸”。

1942年春，哈里斯的空袭计划开始实施，英国对德国工业城市科隆进行实验性空袭，一共出动1 000多架战机，摧毁了2.4平方千米的区域，其中仅有39架英国战机因为敌机或高射炮（从地面发射的防空火炮）的攻击而葬身火海。

穿孔沉船

在欧洲本土开战之前，英德海军早在大西洋战役中就已有过交锋。1939年9月3日，在德军入侵波兰两天之后，德国U型潜艇击沉了英国邮轮“雅典娜号”，117名乘客及船员丧生。从那时起，英国舰队组成护卫队，为过往船只保驾护航。1939年10月，德军取得了轰动一时的成功：编号为“U–47”的U型潜艇潜入位于斯卡帕湾的英国海军基地，使用鱼雷击沉了“皇家橡树号”战舰，造成833人死亡。同年12月，英国皇家海军对德军进行了报复性打击，重创了停泊在乌拉圭蒙得维的亚港的“斯佩伯爵号”。这艘常在大西洋上发动突袭的舰艇随后被舰长炸沉，以免落入盟军之手。如今在蒙得维的亚港口依然可以看到部分船体的残骸。

为了封锁海面，双方在沿海地区铺设水雷。炮舰在海上玩起了“猫捉老鼠”的游戏。由于U型潜艇的攻击，盟军总共损失了多艘百万级吨位的船只。1940年9月，美国以租借英国海外军事基地为条件，向英国转让了一批装备精良的驱逐舰，使英国皇家海军的实力有所壮大。次年，美国和英国签订正式的租借协议，美国的飞机、坦克和枪支源源不断地租借给盟军使用。美国总统罗斯福戏称美国为“民主的军火库”。

运用“狼群战术”的U型潜艇作战时，必须借助恩尼格玛密码机对报文进行编码，传递盟军船只位置、兵力分布信息或发布攻击命令。1941年，盟军截获了德军的一部恩尼格玛密码机，驻扎在白金汉郡布莱切利公园的盟军密码破译人员立即尝试解密德军信息。U型潜艇的噩梦自此开始。因为密码信息被破译，盟军的大西洋船队拥有了绝对优势，他们可以轻松躲避锁定目标的U型潜艇。到1943年5月时，盟军已重新掌握大西洋的主导权。德国入侵苏联之后，海上对峙主要集中在北极地区，以防盟军向苏联运送武器装备。

冻结纳粹的推进步伐

英国皇家空军的誓死捍卫使希特勒止步于英吉利海峡，他继而转向巴尔干半岛和更远的东方。有些国家加入了德国、意大利和日本的轴心国体系，如保加利亚；而其他国家则被征服，比如希腊和南斯拉夫。1941年6月，希特勒开始实施“巴巴罗萨计划”，出动400万军队，攻打他的老盟友斯大林领导的苏联，他派出了有史以来规模最大的入侵部队。希特勒对苏联发动进攻的动机如下：共产主义是纳粹主义的天敌，德国和苏联之间的互不侵犯条约只是权宜之计；在希特勒看来，俄罗斯人（斯拉夫人）属于“下等人”，如果德国占领了苏联，饿死的俄罗斯人会为更多的雅利安人腾出空间；当然，德国也对俄罗斯丰富的自然资源垂涎已久。

起初，闪电战无往不利，德国人采用钳状阵型向前推进，撕破了苏军备好的大型“口袋”。到了1941年12月初，德军已经占领了苏联的基辅和哈尔科夫等城市，开始围攻列宁格勒，距离莫斯科仅30 千米。就在此时，苏联冬季的严寒冻结了德军前进的步伐。显然，苏联红军对严寒的准备更加充分，他们集结军队，实施反攻，成功地逼迫轴心国军队撤离莫斯科。然而，希特勒并不认同军事顾问建议的战术撤退计划。

斯大林格勒战役

1942年6月，希特勒分别对高加索地区和工业重镇斯大林格勒（现名伏尔加格勒）发起两轮新的攻击。他们遭到了顽强的抵抗，街头巷尾，房前屋后，战斗无处不在。绝望的守军被德军逼退到伏尔加河边的狭窄地带。但由于战线拉得过长，德军也付出了惨重的代价。

接着，苏联红军突然采取行动，由周围乡村向城市发动反攻，里外夹击，冲破德军侧翼，包围了斯大林格勒的纳粹军队，把希特勒打得措手不及。接下来的两个月，德军在冰天雪地里忍饥挨饿，难以为继，于是德军违抗总部命令，缴械投降。

斯大林格勒战役致使将近200万士兵死亡、被俘和失踪。据估计，苏联平民的伤亡人数也高达4万。这次战役被希特勒视为奇耻大辱。更重要的是，苏联的胜利阻止了纳粹前进的步伐。这是“二战”的重大转折点，从此盟军形势大好。苏联红军步步紧逼，德军节节败退。1943年7月5日，两军在库尔斯克进行了史无前例的坦克大战，苏联再次获胜并乘胜追击。不到一年后，苏军攻入柏林。

捕猎“沙漠之狐”

“二战”伊始，英国控制了地中海的海上战略要道：西部的直布罗陀海峡和东部的苏伊士运河。意大利一直怀有向非洲扩张领土的野心。1940年年末，意大利从其殖民地利比亚向埃及发动攻击。意大利的袭击招致了一场灾难：截至1941年年初，几乎所有意大利在非洲的领土都被英国占领，还有13万人被俘。1941年5月5日，埃塞俄比亚国王海尔·塞拉西回国。他自1936年意大利征服埃塞俄比亚以来，一直流亡海外。

德国在征服了巴尔干半岛和希腊之后，转头援助意大利。1941年2月，德国陆军元帅埃尔温·隆美尔率领的德意志非洲军团（被称为“沙漠之狐”）抵达北非，将盟军逐出利比亚。经过一系列的坦克和装甲车激战，战场形势发生变化，之前一直向前推进的英军退回西部沙漠地区。战争期间，利比亚港口城市图卜鲁格曾数次易手。

战争打响之初，澳大利亚和新西兰联军就已奔赴北非战场。1941年，澳新联军被隆美尔率部困在图卜鲁格，这也是纳粹鼓吹家“呵呵勋爵”最初把他们蔑称为“沙漠之鼠”的原因。后来，澳新联军欣然接受了这个绰号。

1942年6月，隆美尔发动了新一轮进攻。在离埃及的亚历山大港不远处发生的第一次阿拉曼战役结束之后，德军的攻势受到了遏制。不然的话，隆美尔可能会继续向前推进，占领苏伊士运河，进而获得中东地区的石油供应，这会对英国极为不利。

1942年8月，该地区盟军迎来了一名新任指挥官——伯纳德·蒙哥马利将军。同年10月，盟军在蒙哥马利的指挥下发动了一场毁灭性攻击。在第二次阿拉曼战役中，他们击败了隆美尔的坦克装甲师；在接下来的4个月里，蒙哥马利乘胜追击，尾随轴心国部队穿越北非，经过利比亚，最后把他们逼至突尼斯的马雷特防线之外，取得了沙漠战争的决定性胜利。

1942年11月，北非战场进入收尾阶段，盟军开始实施"火炬计划"，试图用钳状阵型突破德国和意大利的防线。美军和英军登陆由法国维希政府控制的摩洛哥和阿尔及利亚，而乔治·S. 巴顿将军则带领美军占领战略要地卡萨布兰卡港。在摩洛哥，通敌卖国的法国维希政府反对盟军进驻；但在阿尔及利亚，自由法国抵抗组织奋起反抗，控制了维希政府。

盟军的计划收到了满意的效果。1943年5月，突尼斯的轴心国军队投降。后期的沙漠战争是盟军整体战略部署的重要一部分。它有效缓解了苏联战场的压力，俘虏了大批作战经验丰富的轴心国部队，并为盟军进攻意大利提供了跳板。1943年7月，盟军攻击西西里岛，他们占领了该岛，但未能阻止轴心国军队逃往意大利本土。

1943年7月24日，意大利政府改变立场，逼迫墨索里尼下台，并于9月3日与同盟阵营的国家签署停战协议。在随后的混战中，德军救走了墨索里尼，并试图填补意大利防线的空白；盟军对墨索里尼展开全力搜捕，最终止步于意大利北部的山区。直到1945年5月2日，意大利的轴心国军队才全部投降。

红太阳冉冉升起

1905年，日本帝国击败俄国，自此登上了世界历史的舞台。1910年，日本对朝鲜实施殖民控制，这是日本意欲推行亚洲政治及军事扩张计划的重要举措。

参与第一次世界大战促进了日本经济的增长，但20世纪20年代后期的全球经济大萧条促生了极端民族主义，就如在意大利和德国发生的那样。西方对日本的影响并没有削弱日本的传统武士道精神：勇敢、服从和严格的纪律。对于日本人来讲，投降是一件不可想象的事情，一名士兵一旦被俘，就会颜面扫地。

1931年，日本占领中国东北；1937年，日本全面发动侵华战争。训练有素的日本军队先后占领北平、上海，随后抵达当时的国民政府所在地南京，他们恣意奸淫妇女，四处滥杀无辜，制造了“南京大屠杀”惨案。然而，日本是无法征服中国的。

美国担心日本的力量过度扩张，故而在太平洋部署了潜在的制衡力量——在夏威夷的珍珠港创建了强大的海军。1940年，美国实行选择性征兵法案，尽管美国没有参战，但美国志愿军自战争伊始就在与盟军并肩作战。

日本早已垂涎欧洲各国在太平洋的殖民地拥有的丰富资源，于是进军印度支那的维希法国属地，为占领缅甸、马来半岛和新加坡（英国在远东的权力中心）建立跳板。当时的英国深陷欧洲战事，无暇东顾，于是美国成为日本在太平洋地区的最大威胁。

突袭珍珠港

日本认为美国无法承受远距离作战之苦，因此，日本一边与美国进行和平谈判，一边向珍珠港派遣潜艇与航空母舰。1941年12月7日凌晨，日军对美军基地发动突然袭击。超过2 330名美国人因此丧生，停机坪上的飞机几乎悉数被毁，舰队伤亡惨重。好在袭击发生时，三艘美国航空母舰正在出海，得以幸存，后来它们成为美国新舰队的核心力量。但是，成功偷袭珍珠港也为日本带来了灾难。它扑灭了美国民众试图保持中立、远离太平洋战场的幻想，美国决意对珍珠港事件实施报复。

1941年12月8日，美国总统罗斯福发表演说，称该袭击事件是美国“永远的耻辱”。一小时后，美国正式对日宣战。

尽管来自不同国度的军队（特别是来自澳大利亚和新西兰的军队）早已身赴太平洋地区参战，但日本袭击珍珠港之后，美国成为西南太平洋地区盟军战场的总指挥，使西南太平洋升级为“二战”的主战场之一。

日本的帝国梦

对于日本人来讲，1941年12月非常忙碌。他们连续发动了几次攻势：攻占马来半岛北部，占领香港，在另一次偷袭中摧毁了驻菲律宾的美国空军基地，并派兵进驻菲律宾。

位于马来半岛南部的英国殖民地新加坡，在人们眼中几乎坚不可摧。英方认为新加坡北部的茂密丛林形成了天然屏障，使其不易遭到陆路攻击，所以新加坡的重型大炮布防全部面向大海。但日本轰炸机仅仅用了一个小时，就摧毁了新加坡的海军核心力量——一艘巡洋舰和一艘战列舰。日本人一边利用空袭制造混乱，一边派兵从北方抄近道穿过丛林屏障。驻扎在新加坡的盟军人数是日本侵略军的三倍，但他们严重高估了日本人的兵力，而低估了日本人的策略。1942年2月，盟军战败，来自英国的珀西瓦尔将军缴械投降。对于英国来讲，这是一种耻辱：此前从未有如此多的兵力，向如此少的敌人投降。

中途岛海战

1942年年初，日本捷报频传。菲律宾、缅甸和荷属东印度群岛（今印度尼西亚）先后被日本吞并。东印度群岛的石油对于日本来讲属于意外之喜。日本还派兵进驻了其他地区，包括新几内亚、澳大利亚北部的所罗门群岛、马绍尔群岛和吉尔伯特群岛以及更北的威克岛。日本对澳大利亚北部频繁发动空袭，妇女和儿童被迫疏散到遥远的南部地区。同年6月，日本将注意力转向驻扎在中途岛（位于太平洋中部）的美军。

此时，美军拦截了日本的无线电通信，美国空军和海军增援部队及时赶至中途岛。日本的进攻被击退，日方损失惨重。日本自此一蹶不振，再没有取得过重大战役的胜利。

镇压帝国恶龙

从1942年起，同盟国占据了主动，几条战线同时发力，向日本施压。在太平洋西南部，盟军把日本逐出所罗门群岛的瓜达尔卡纳尔岛和新几内亚；盟军夺回了菲律宾，最终攻占日本南部的冲绳。

盟军在太平洋中部发动了一系列两栖攻击，史称“跳岛战术”。盟军与日军近身搏斗，夺回了一个又一个岛屿，并因此获得了可以用来轰炸日军的军事基地。这些部队随后参加了1944年10月爆发的莱特湾海战。这次战役发生在菲律宾近海，是历史上规模最大的海战。日本海军和空军已经无力阻止盟军进攻，绝望之中，日本的神风突击队发动自杀式空袭。与此同时，缅甸的自卫反击战促使东南亚全线解放，但日本依然拒绝投降。

终极解决方案

希特勒领导的纳粹党之所以能在1933年执掌德国，部分原因是他们把德国的经济困境归咎于犹太人。希特勒的种族主义哲学认为雅利安人是优良人种，而德国有责任消灭像犹太人这样的“劣等”种族。1933年希特勒成为第三帝国总理之后，立即颁布了针对犹太人的相关法律。随着法西斯的控权，向外移民的犹太人人数急剧增加。阿尔伯特·爱因斯坦沦为难民，他于1933年离开柏林；西格蒙德·弗洛伊德亦不例外，他于1938年离开奥地利。但是还有数以百万计的犹太人并没有他们这样的先见之明，也没有那么幸运。

1938年11月9日晚，犹太人企业和犹太教堂遭到攻击，史称“水晶之夜”（“碎玻璃之夜”）。纳粹开始限制犹太人向国外移民，后来又把犹太人赶到贫民区或囚禁在集中营。

早在1933年，纳粹就在德国达豪设立了首个集中营，用来关押政治犯。关押群体的范围很快扩大到包括犹太人、吉卜赛人在内的少数民族等。战争爆发后，集中营沦为劳改营，用于关押战俘、斯拉夫人、犹太人以及其他纳粹认为是“劣等”的群体。在由党卫军控制的集中营里，忍饥挨饿、饱受折磨几乎是司空见惯的事，但更糟糕的事情还在后面。

1941年12月，纳粹党卫军开放在波兰兴建的切姆诺死亡集中营。一个月后，纳粹领导人在柏林召开万湖会议，讨论所谓的欧洲犹太人问题的“终极解决方案”。他们的最终方案是种族灭绝：建立更多的死亡集中营，并用工业化手段消灭犹太人。他们一共建立了5个死亡集中营，地点都在波兰，其中就有奥斯威辛集中营。有些集中营面积太大，以至于不得不在营地内部修建火车线路。犹太人被塞入运牛的卡车运往集中营时，常被告知要把他们重新安置在东部地区，但结果可能是直接被卸到集中营的毒气室。在波兰和维希法国这样的德占区，当地警察还会协助纳粹圈禁犹太人并把他们驱赶到集中营。

大屠杀期间，约有600万犹太人遭到杀害（据估计，其中78%的犹太人死于欧洲纳粹占领区），约有500万名其他囚犯在死亡集中营丧命。这是史无前例的种族大灭绝。

霸王行动

1944年6月6日，盟军公布了同盟国首次正式会议关于“霸王行动”的相关决定：“盟军的海军力量将在德怀特·D.艾森豪威尔将军的指挥下，依托强大的空军支持，在法国北部海岸登陆。”

盟军对欧洲的反攻终于拉开序幕。1944年6月6日是个星期二，这一天被称为“诺曼底登陆日”（D-Day）。当天，由7 000艘船组成的庞大舰队将盟军运抵诺曼底海滩，开始了解放西欧的历程。“霸王行动”试图迷惑德军，让德军误以为盟军会从东面的加来海峡发动进攻。诱敌之计大获成功，德军的集中防御力量被调离诺曼底。即便如此，拥有绝对空中优势的盟军在建立滩头阵地之前还是经历了残酷的浴血奋战：他们在着陆点大约伤亡了15 000人。

几周后，盟军突破德军防线，向内陆急速推进。1944年8月25日，巴黎解放。随着苏联从东线向德国进发，盟军穿过比利时进入德国北部。在阿纳姆，盟军未能占领莱茵河上的桥梁，于是希特勒在12月发动了最后一次反击，这就是著名的阿登战役。该战役发生在阿登地区，希特勒几年前正是经由此地攻入了法国。

德国反击失败，盟军由此挺进德国。1945年4月，苏联红军逼近柏林；4月30日，希特勒在地堡自杀身亡。5月7日，纳粹德国无条件投降。

“小男孩”和“胖子”的攻击

尽管盟军在欧洲战场上捷报频传，但日本仍然顽固地拒绝承认失败。1945年7月，因日本屡次负隅顽抗，受挫的盟军通过了《波茨坦公告》，呼吁日本投降，警告他们不要自取灭亡。日本政府仍然拒绝接受和平提议。8月6日，美国轰炸机向日本广岛投放了第一枚原子弹，名为“小男孩”；三天后，向长崎投放了第二枚名叫“胖子”的原子弹。成千上万的日本人即刻丧生火海，更多的民众死于辐射。遭受两次毁灭性攻击之后，日本裕仁天皇宣布投降。9月2日举行了正式的投降仪式，战争宣告结束。

原子弹通过引发铀原子内部的链式反应产生爆炸，是基于量子科学和核物理学研究的杀伤性武器。这两门学科曾被纳粹污蔑为“堕落的犹太科学”。美国通过“曼哈顿计划”对此展开秘密研发。1945年，项目负责人罗伯特·奥本海默在目击了原子弹的引爆测试之后，引用印度教经文《薄伽梵歌》感慨道：“我变成了死神——世界的破坏者。”原子弹是战时军备研究的最大成果，但它也展示了和平时期利用核能的潜在可能性。1969年将“阿波罗二号”送上月球的火箭，就直接源自纳粹德国在战争期间发射V2导弹时使用的技术。

浩劫余波

和平到来时，欧洲已是一片废墟，大约600万人流离失所、无家可归；亚洲的难民更是不计其数。大量城镇被破坏，战后国界也被重新划分，这意味着许多人不愿或不能重返家园。

随着德国和日本受到战时侵占区的讨伐，世界权力中心发生了急剧变化，由西欧转向美国和苏联。新的国际联盟及国际集团形成。而且，国际社会有史以来第一次对战犯进行了关押和审讯。

5

世纪中叶的全盛时期

第二次世界大战结束时，欧洲大部分地区和亚洲部分地区的经济几乎处于崩溃的状态。多个国家的工业基地被毁，村镇和城市亟待重建。但美国由于在战争期间向同盟国大量出售军事装备，工业实力骤然增长。1945年，美国成为世界上最富有的国家，铁矿石产量占全球总产量的43%，粗钢产量占45%，汽车产量占74%。

战后，美国的工业生产重心从军备转向普通消费品。这是新一轮经济繁荣的开端，它将惠及除发展中国家以外的所有国家，直到20世纪70年代。

欧洲重建

随着苏联雄霸东欧，美国开始推行“杜鲁门主义”，即通过向任何有可能受到苏联影响的国家提供经济、军事或政治援助，遏制共产主义势力的蔓延。1948年，美国启动名为“马歇尔计划”的经济援助方案，该计划以美国国务卿乔治·马歇尔的名字命名。通过该计划，美国向西欧各国提供了130亿美元，用以恢复经济和确保自由贸易。时任美国总统杜鲁门认为：经济繁荣的国家不太可能投向共产主义阵营，同时还有能力购买美国的商品，推动美国经济的快速发展。苏联禁止亲苏国家申请马歇尔计划承诺的相关经济援助。

为保持国际金融稳定，还有一些其他措施，其中就包括布雷顿森林体系，该货币体系由同盟国在1944年建立，因诞生于美国新罕布什尔州的城镇布雷顿森林而得名。这一体系呼吁成员国将本国货币与美元挂钩，借此固定汇率，而美元则与黄金挂钩（金本位制）。根据《布雷顿森林协定》，建立了负责调节汇率的国际货币基金组织（IMF）和帮助成员国进行经济复苏的世界银行（World Bank）。几乎所有国家都希望随着全球贸易的增长，稳定的金融状况能够阻止全球战争的再次发生，但苏联拒绝承认《布雷顿森林协定》，认为美国对国际货币基金组织和世界银行的影响力过大，会影响全球金融。

20世纪50年代，在马歇尔计划的帮助下，北大西洋公约组织（NATO，简称“北约”）成员国及其他同盟国的经济重建工作初见成效。

世界变小了

19世纪是属于单一民族国家和庞大帝国的时代，而20世纪的主题则是国际联盟的形成。有些国际联盟旨在促进世界和平；有些则以共同防御为目的，例如北约和华沙条约组织；还有许多属于经济贸易集团。

经过两次造成重创的世界大战，各国纷纷尝试开展国际合作，1920年成立的国际联盟和1945年成立的联合国（UN）就是典范。国际联盟是第一个旨在维护世界和平的国际组织，但事实证明它无法阻止德国及其他轴心国在20世纪30年代发动的领土侵略。

1946年，国际联盟解散了，其资产被新生的国际组织——联合国接管。在1943年召开的德黑兰会议上，“二战”中的同盟国成员通过协商达成了成立该组织的共识。联合国正式成立于1945年，创始之初共有51个成员国，包括英国、法国、澳大利亚、新西兰、加拿大和两个超级大国——苏联和美国。联合国的既定目标为“维护国际和平及安全”，它不仅在这方面取得了不同程度的成功，还在解决国际问题时实现了“促成国际合作”。

联合国的早期贡献之一是在1947年举办的一次贸易会议，该会议促成了关税及贸易总协定（GATT）的建立。为了规范和鼓励国际贸易，关税及贸易总协定降低了关税和其他贸易壁垒：1979年，由102个国家参与的关税及贸易总协定谈判促成了价值1 900亿美元的关税优惠。

关税及贸易总协定大受欢迎，因为它不仅对大国经济的发展起到了促进作用，还对处于发展中的小国经济有所帮助。1995年，关税及贸易总协定升级为世界贸易组织（WTO），其目的仍然是促进自由贸易，与此同时更重视贸易边境的开放。

黄金时代

20世纪五六十年代的石油价格很低，为各个行业的蓬勃发展提供了便利条件。各地就业率很高，新的消费市场也已经形成，其中包括面向儿童和青少年的市场；各国经济也在快速增长。尽管经济衰退的现象也会出现，但工业化国家普遍金融稳定、社会富有，各个社会阶层的生活都很惬意。即使作为战败国的德国和日本，也能分享经济繁荣的福利。这是资本主义的黄金时代，史称“长期繁荣”（Long Boom）。德国人把他们在20世纪50年代的经济增长称为经济奇迹，法国人把1945—1975年间的经济繁荣称为“黄金三十年”。与此同时，那些既没有加入北约组织也没有向其共产主义竞争对手华沙条约组织靠拢的第三世界国家却越来越穷。

那时候，科技飞速发展。尽管杀虫剂的广泛使用造成了长期的环境问题，但联合收割机等自动化新机械的推广使工农业生产效率大幅提高。冷战引发的军备竞赛和太空竞赛促生了“军事经济”，有利于保持经济繁荣。尽管发电厂仍然使用煤炭，但对于工业化国家来说，石油越来越重要，包括水力、核能和天然气在内的其他替代性能源也在积极研发之中。

1957年，尽管经济繁荣尚未达到巅峰状态，但时任英国首相哈罗德·麦克米伦就已经精辟地总结了这种新生的乐观情绪：“我们大多数人从来没有享受过这么好的生活。到全国各地转转，去工业重镇看看，去农场逛逛，你会看到一派繁荣景象。我们有生之年没有见过，这在英国历史上也没有出现过。”

高层公寓和郊区住宅

欧洲国家的多数住宅在第二次世界大战期间遭到损毁。欧洲人迫切需要新建住房，而“婴儿潮”（从20世纪40年代末开始，西方人口持续30年急剧增长）又带来了更大的住房压力。据估计：1945年，仅英格兰和威尔士两地就需要75万套新住房。有些国家选择建设新城，比如苏格兰的利文斯顿和英格兰的米尔顿凯恩斯。欧洲大部分地区还建造了高层公寓楼，通常位于城镇边缘的新住宅区。富裕的美国人购置了汽车，因而数以百万计的美国人移居到城市外围的新郊区：截至1950年，住在郊区的美国居民人数已经超过住在城市中心或农村地区的居民人数。

组合式预制房是解决住房危机的办法之一。这是一种预制部件的房屋，可以在建房现场快速组装。当年，这只是一项临时措施。英国总共建造了156 622套预制房，其中有些房屋至今仍有人在居住。1945年，约有1/4的英国家庭没有电力供应；1951年，大约1/3的家庭没有浴室；组合式预制房不仅解决了洗澡问题，还有室内厕所，这简直是一瞬千里的进步。

战后，英国政府继续推行贫民窟清理政策，改造已不适合民众居住的破旧、拥挤、肮脏的街道。截至20世纪60年代末，英国大约清理了90万个贫民窟，新建了至少150万处居所，安置了250万人。

新住房使人们的生活水平大幅提高。上下水接入和电力供应成为社会常态，贫困家庭也不例外。随着经济的繁荣发展，家用冰箱和电视机越来越普遍，后来甚至实现了几乎每家都有洗衣机。

经济崩溃

终结经济繁荣的因素很多，比如冷战。它曾经刺激了工业发展，但现在维持冷战状态的成本越来越高，还有价格忽然飙升的石油等带来压力。

1970年，美国经济受到越南战争的拖累，出现近50年以来首次贸易逆差——美国企业在海外的支出超过了外国企业购买美国商品和服务的支出。与此同时，有些国家将美元兑换成固定比率的黄金，使美元贬值。理查德·尼克松总统被迫采取严厉措施。通过所谓的“尼克松冲击”，他切断了美元与黄金的联系，退出了布雷顿森林体系。对于美国来讲，这是一项大快人心的政治举措。尼克松的财政部部长约翰·康纳利说：“外国人想要搞垮我们，我们要做的就是先把他们搞垮。”但随着布雷顿森林体系的彻底崩溃，浮动汇率取而代之，导致金融状况极不稳定，曾经给经济增长带来希望的通货膨胀酿成恶果，金融泡沫最终破灭。

石油危机

1973年，正当世界各国忙于消化尼克松冲击的震撼后果时，第一次石油危机席卷西方世界。美国和西欧各国因为在第四次中东战争（又称“赎罪日战争”）中支持以色列，遭到阿拉伯国家的石油禁运制裁，石油价格急剧飙升。石油危机使低迷的股市全面崩盘。1974年12月股市复苏之前，道琼斯股价指数下跌了45%。英国的连锁反应尤为严重，伦敦的证券交易额下跌了73%。

经济衰退还有政治及社会方面的原因。1972年6月，水门事件（帮助尼克松重新当选美国总统的暗箱操作）爆发。尼克松拒绝交出白宫录制的录音磁带，从而因妨碍司法公正遭到弹劾。1974年8月，尼克松成为首位在任期间辞职的美国总统。

1973年的英国煤矿工人大罢工引发了人们对于电力短缺的担忧。因此，由爱德华·希思领导的保守党政府开始推行三天工作周制度，以限制企业用电。每周仅给企业连续供电三天，导致全国各地出现大面积停电现象。

至此，经济繁荣时期彻底结束：失业率上升，通货膨胀严重；经济衰退的浪潮不断冲击西方。与此同时，产油国开始意识到它们所拥有的强悍影响力。

“虎体经济”的崛起

第二次世界大战结束时，没人想过欧洲终有一天会面临来自亚洲的经济竞争。但日本的廉价电子消费品涌入了千千万万的西方家庭，其中包括晶体管收音机和电视机。

就像援助欧洲的马歇尔计划一样，美国也对日本进行了类似的经济援助。日本之所以能在美国的支持下创造“电子奇迹”，主要原因在于企业与工会的联合，此举对充分就业产生了积极的促进作用。20世纪60年代，中国台湾和韩国跨入“虎体经济”的行列，而日本一直是亚洲的最主要经济体。20世纪80年代，中国开始为亚洲持续增长的经济奇迹添砖加瓦。

走向联合的欧洲

第一次世界大战结束时签订的《凡尔赛和约》对德国实施了严厉的惩罚，导致德国经济崩溃、民怨迭起，成为第二次世界大战爆发的诱因之一。1945年，在“二战”中获胜的同盟国决定要避免悲剧重演。欧洲各国领导人认为建立经济联盟有助于避免战争爆发，例如：共享联合企业和贸易公司的各国不太可能相互宣战。欧洲各国之间更加紧密的联系可以防止极端民族主义情绪的爆发，比如纳粹主义；也可以弥合德法之间源自拿破仑雄霸欧洲和普法战争的长期裂痕；此外，这样还能尽量避免欧洲各国在20世纪30年代奉行的经济民族主义，面对经济萧条，避免各自为政的局面，齐心协力共同应对。与分别由美国和苏联牵头的“巨头鲸”集团相比，西欧国家此时只是军事上的“小虾米”，所以它们需要联合起来。

英国政治家温斯顿·丘吉尔表示，需要建立“一个联合起来的欧洲共同体”，当然他的侧重点在于关税同盟和合作理念，并非政治联盟。

有些国家在战争结束前就曾计划实施经济合作。1944年，比利时、荷兰和卢森堡三国流亡政府签署了《比荷卢公约》，拟定建立未来的关税同盟。1948年签署的《布鲁塞尔条约》促成了英国、法国与比荷卢三国联盟的经济、文化及军事合作。西欧的军事联盟逐渐被北约收入麾下。1948年，欧洲经济合作组织（OEEC）成立，其目的在于充分利用马歇尔计划的援助基金，并通过减少跨境贸易壁垒促进国际贸易。这个组织的工作成效喜人。1961年，它扩大并吸收非欧洲成员国，晋级为经济合作与发展组织（OECD）。

1948年在海牙举行的欧洲大会上，欧洲政治一体化走出了探索性的一步：750名西欧政治家出席会议并呼吁成立欧洲议会和欧洲人权法院。1949年5月，欧洲委员会成立，之后确立《欧洲人权公约》，并在斯特拉斯堡成立欧洲人权法庭——不要把它与欧洲经济共同体（即现在的欧盟）设在卢森堡的欧洲法院相互混淆。

欧洲经济共同体形成

第二次世界大战结束后，法国和德国就德国钢铁和煤炭生产的控制权发生争执。作为获胜方的同盟国对德国的工业发展进行了限制，但也没有应法方要求将德国的鲁尔和莱茵兰工业区移交给法国。作为折中方案，联邦主义者提议由公共机构汇集和管理资源。1952年成立的欧洲煤钢共同体就是这个提议的产物，它包括6个成员国：法国、联邦德国、意大利、比利时、荷兰和卢森堡。1957年《罗马条约》签订之后，欧洲的经济合作更加广泛。根据该条约，1958年欧洲经济共同体（EEC）成立了。欧洲经济共同体不仅为欧洲各国提供了统一的市场，取消了贸易限制，还进一步提议改善生活条件，维持和平，促进欧洲各国建立更加紧密的联盟。不到5年，欧洲经济共同体成为世界上最大的原材料进出口国，钢铁产量仅次于美国。1952年，欧洲经济共同体还确立了一项通行的农业政策。

基于主权和控制权方面的考虑，英国起初拒绝加入欧洲经济共同体。英国经济一直停滞不前，而欧洲经济共同体成员国的经济飞速增长。1961年，英国申请加入，但法国总统戴高乐在1963年否决了英国的申请，并于1967年再次否决。戴高乐辞职后，英国才在1973年加入欧洲经济共同体。戴高乐反对英国加入的原因之一是英国想为英联邦国家争取更多优惠条件。虽然这些优惠条件的协商从未达成一致，但英联邦国家与其所属的区域贸易共同体逐渐建立了密切的联系。

同一种货币，同一个边界

西欧国家成立欧洲经济共同体后，欧洲一体化进程进入下一个阶段。1992年《欧洲联盟条约》（又称《马斯特里赫特条约》）的签署，标志着欧盟的成立。该条约引入单一货币欧元，开放缔约国边界，并向更加紧密的移民和司法事务合作迈进。20年后，欧盟因其在维持欧洲和平、推进民主和人权进步方面所做的努力获得了诺贝尔和平奖。

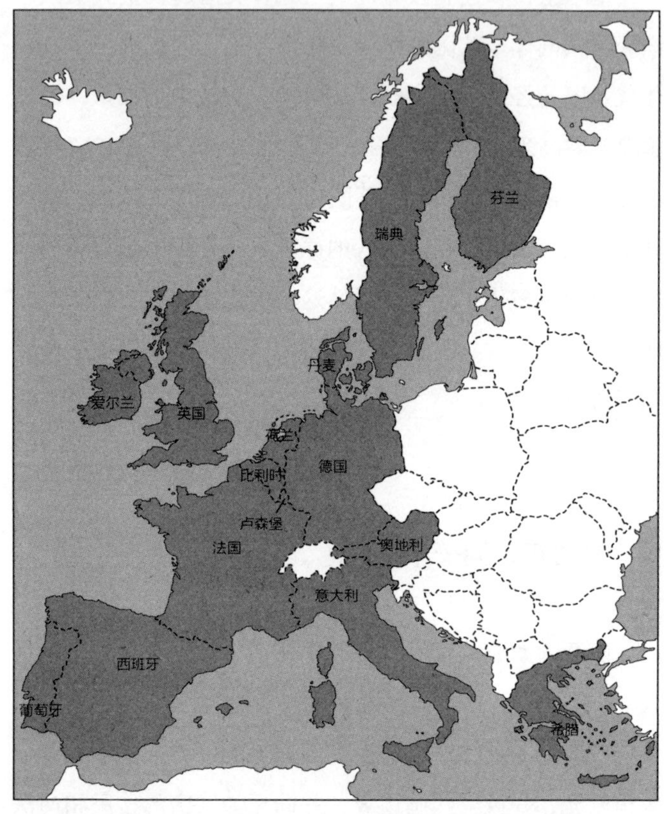

图 6　1999 年的欧盟

欧盟代表20世纪出现的一个新趋势：超越国家边界，走向大型的超国家经济联盟。虽然欧盟内部也存在国家之间的竞争和恶性争端，但欧洲一体化成功遏制了成员国之间的战争。

然而，从联盟成立的那一刻起，就有人担心丧失主权、移民失控，诟病欧洲议会的高昂成本和官僚主义，抨击政治联盟具有的其他弊端。例如，英国选择退出欧元体系和要求开放边境的《申根协定》。2016年6月，英国就是否保留欧盟成员国身份举行全民公投，经英国人民投票决定退出欧盟。

文化冲突

随着20世纪进入尾声，石油逐渐摆脱了普通商品的身份，成为工业化发达国家的绝对必需品。对石油的控制权成为引发国际冲突甚至战争的导火线。

一家英国公司（英伊石油公司）首先在中东地区（今伊朗）发现了石油。该地区在“一战”后处于欧洲势力的掌控之中，因此来自西方各国的石油公司纷纷在此勘探油田和建造基础设施，从中获取大部分利润。1951年，伊朗首先发难，对此表示不满，并把石油工业划归国有。英国带头抵制，各国跟风而动。1954年，伊朗做出妥协，同意让国际石油公司分走50%的利润。

其他中东国家纷纷效仿伊朗，要求获得更大份额的石油利润。20世纪70年代发现北海油田之前，欧洲各国只能依赖中东的石油供应。过去贫穷落后的阿拉伯国家因为石油资源而变得富有，拥有了一定的国际影响力。

20世纪70年代，随着油价的上涨，中东石油国家已经不能只用“富有”二字来形容了，应该说他们“富得流油”。为了控制比夫拉地区的石油开采，尼日利亚曾在1967—1970年镇压过该地区的独立。由于20世纪70年代石油输出国组织（OPEC）的定价政策，尼日利亚的社会财富急剧增长。而利比亚在卡扎菲上校的统治下，将部分石油利润用于基础设施、社会福利和工农业发展，也用于资助非洲的革命运动。

集会的权利

截至20世纪中叶，各国经济依然受到工会的广泛影响。工会力量愈加强大，足以引发经济危机，并成为推翻政府的助力。

第二次世界大战后，由于工人阶层受到了更好的教育，有关工人权利的进步思想得到进一步扩散。美国的《退伍军人权利法案》赋予了退伍军人上大学的机会，这是美国工人阶级过去很少能够享有的权利。因此，资本主义的黄金时代也是工会主义的黄金时代：20世纪50年代，美国工会会员人数达到顶峰。

通过集体谈判商讨薪酬水平等途径，工会为战后经济的繁荣提供了不小的助力：支持妇女同工同酬，反对种族歧视，保障工人享有各种权利，比如获得退休金、遣散费和受劳动合同保护等。

工会罢工可能影响现代生活的方方面面，包括交通、垃圾收集、医疗保健、教育、邮政服务和电力供应等。1968年5月，法国工会参加了反对戴高乐总统的学生抗议活动，使法国经济陷入瘫痪状态，戴高乐被迫举行临时选举。尽管戴高乐再次当选，但这次革命影响了法国的社会和文化。

英国工会的影响力同样与日俱增。1978年年末到1979年年初，英国公共服务部门的工作人员（包括救护车司机、垃圾车司机和火车司机）举行罢工，史称“不满的冬天”。由此产生的社会混乱导致工党政府在1979年的选举中失利，玛格丽特·撒切尔率领的保守党获胜。英国首任女首相撒切尔夫人在英国制造业衰退的时候引入了削弱工会的相关立法；自此，工会行动的影响力随之减弱。

20世纪80年代，撒切尔的美国盟友，即美国共和党人、总统罗纳德·里根也出手削弱了工会力量。长期以来，美国的保守派一直担心工会是共产主义进入美国的排头兵。1947年，《塔夫脱–哈特莱法案》颁布，禁止共产党员成为工会领袖，随后这项法案因为违宪而被废除。

全民民主

尽管出现在20世纪30年代大萧条时期的经济问题助长了法西斯主义，但第二次世界大战后的经济繁荣恰恰产生了相反的作用，它催生了民主，并将其传播到世界的每个角落。这种与法西斯相反的政治模式使每个成年人都有机会通过自由选举参与政治生活，妇女获得选举权的时代终于来临。

妇女参政运动始于1893年，当年新西兰成为第一个赋予妇女选举投票权的国家。第一次世界大战后，平等投票权运动已经初见端倪，当时在军工厂工作、开救护车或参与其他战备工作的妇女已经拥有了参政权。“二战”结束时，很多国家都开始赋予妇女选举权。然而，葡萄牙到1976年才结束了对妇女投票权的限制，而沙特阿拉伯妇女直到2015年才开始参与投票。

在摆脱欧洲各国的殖民统治之后，大多数新独立的非洲国家都采用了前欧洲殖民国的民主模式。第二次世界大战后，曾经被盟军占领过的日本也受到了影响。亚洲其他地方也不例外。1932年，一场不流血的政变结束了暹罗（1939年更名为泰国）的君主专制，迫使国王签署首部宪法——即使这样的民主不够彻底，但总归在进步。

20世纪60年代到70年代初，世界范围内有些地方的民主遭遇了失败。在某些地区，选举腐败司空见惯。对于一些曾经的欧洲殖民地，民主制度只是对国内分歧的简单覆盖，而由种族、宗教或文化多数派支持的总统因此成为实际的统治者。各地的军事政变产生了很多军政府，比如缅甸（1962年由军事指挥官吴奈温建立）、希腊（上校政权，1967年建立）、乌干达（1971年由伊迪·阿明建立）、智利（1973年萨尔瓦多·阿连德被推翻后建立）和阿根廷（1976年伊莎贝尔·庇隆被推翻后建立）。1992年，阿尔及利亚的民主政权也遭遇失败，军队推翻了选举产生的伊斯兰拯救阵线（FIS）党派领导人，指责他们过于信奉宗教激进主义。

许多军事政变或独裁政权受到了冷战双方的大力资助。因此，随着20世纪70年代末冷战时期的紧张局势逐渐缓和，非洲和拉丁美洲的政变和革命次数大大减少。许多国家恢复了文官统治，当然有时候这是民众大规模示威的结果，比如1986年的菲律宾大示威。随着苏联的解体和东欧剧变，脱胎于苏联成员国的新生国家纷纷尝试新的民主制度，有些国家走上了资本主义道路。

南非种族隔离制度的废除

1948年，一名南非议会成员自豪地说南非是民主国家，但这种民主只适用于白人公民。同年，由少数白人把控的南非政府开始实施种族隔离政策——“黑白分离”。黑白分离意味着黑人被迫居住在城市以外的肮脏村镇，几乎没有接受教育的机会，也没有权利参与选举投票。

民众组织的反对种族歧视的抗议遭到了严厉的镇压。

1960年，警察向沙佩维尔的示威者开枪，69人因此身亡；1976年，索韦托的高中生抗议学校强制推行南非荷兰语教学，被警察开枪射杀，至少176人身亡；1977年，反种族隔离领袖史蒂夫·比科在被警方拘留期间死亡。国际社会对此表示抗议，开始孤立南非，而被监禁的反种族隔离领袖、非洲人国民大会领导人纳尔逊·曼德拉受到世界范围的广泛支持。

曼德拉获释

1990年，南非总统F. W. 德克勒克突然采取行动，释放纳尔逊·曼德拉并废除种族隔离政策。民主真正降临到了南非大地。早在1964年，曼德拉和其他几人就曾被指控犯有反政府罪而被判处终身监禁。审判期间，面对可能的死刑判决，曼德拉曾说："我穷尽一生致力于非洲人民的斗争。我既反对白人统治，也反对黑人统治。我珍视民主自由的理想社会。在这样的社会中，所有人都能和谐共处，拥有平等的机会。这是我希望为之而活、为之而战的理想。如果需要，这也是我为之而死的理想。"

虽然曼德拉被囚禁了26年，但依然尊贵优雅，他带领南非和平过渡到“多数统治”。1994年，南非黑人第一次行使投票权，曼德拉当选为新时代的第一位南非总统。

美国南方各州的民权

20世纪五六十年代，美国忙于冷战，对抗共产主义，以捍卫自己的生活方式和“自由”，但美国南部的几个州仍然否认非裔美国人的平等权利。

直到1863年，美国南部各州才开始废除奴隶制，所以有些在“二战”后为黑人民权奔走的战士其实是当年奴隶们的孙辈。20世纪50年代，“三K党”（Ku Klux Klan）中的白人至上主义者实施了一系列恐怖活动，他们滥用私刑，借此维持种族隔离，即实行一种将白人和黑人隔离开来的政策。就像南非的种族隔离制度一样，这意味着美国黑人只能上二流学校、享有二流医疗保健服务和拥有二流的机会。

美国黑人民权运动树立了许多里程碑。蒙哥马利公交车抵制运动发生在1955年。当时，女裁缝罗莎·帕克斯因为拒绝将公交车座位让给一名白人男子而遭到逮捕，非裔美国人自此开始抵制公交车服务。尽管最高法院规定白人和黑人享有接受中小学及大学教育的均等机会，但黑人学生试图报名时却会引发来自白人群体的暴力抗议。1963年，支持通过非暴力抵抗运动实现民权目标的浸信会牧师马丁·路德·金发表了鼓舞人心的著名演讲——《我有一个梦想》。另一位重要的民权领袖马尔科姆·艾克斯1965年遭到对手暗杀。

1965年，随着《投票权法案》的颁布，美国最终实现了全民民主，这意味着生活在南方的非裔美国人可以放心投票，不用担心因此遭到恐吓。

澳大利亚原住民的权利

20世纪60年代，民主也开始惠及全体澳大利亚公民。1962年之前，该国有些地区的原住民无权在联邦选举中投票，除非他们是退役军人。一项当年出台的法律将选举权范围扩大，使所有原住民都享有了选举权。然而，昆士兰州的州选举不在此列；直到三年后，那里的原住民才获得了州选举投票权。

20世纪60年代末，澳大利亚废除了“白澳政策”，该政策禁止来自除西欧以外任何地方的移民，尤其限制来自亚洲的移民。取而代之的是针对潜在移民的积分体系，该体系能够反映移民的技能和经济背景。

与有些国家的做法一致，20世纪60年代的澳大利亚政府会将当地原住民儿童从父母身边带走，把他们安置在公立寄宿学校，这一政策一直延续到20世纪70年代才结束。后来，政府向这些家庭正式致歉。

权利和自由

在维多利亚时代的英国，供职于矿山、工厂或负责清洁烟囱的孩子们每天会在危险的工作环境中坚持工作18个小时。这些儿童享受不到社会保护或特殊照顾。1948年，联合国通过的《世界人权宣言》，开创性地赋予了儿童及其他所有社会成员相应的权利。这一宣言认可人类拥有一些不可剥夺的权利：得到安全、食物和住所的权利，得到保护的权利，得到平等对待的权利，成年后参与民主投票的权利。在1949年颁布的《日内瓦公约》中又补充了一条：

战俘拥有得到人道主义待遇的权利。

20世纪后期，人权运动的范围进一步扩大，包括谴责宗教机构虐待儿童、保护动物权利、善待囚犯及推广良知消费等。

国家的温暖臂弯

20世纪见证了翻天覆地的社会革命，一些国家创造了多种社会机制，为人们提供从摇篮到坟墓的多项帮助。这与以往的慈善机构不同：慈善机构可能只为特定的地理区域或特定类型的人群提供帮助，而这些新生的福利制度惠及每个人且人人平等。

现代欧洲福利国家的核心思想可能来自德国前总理奥托·冯·俾斯麦早在19世纪40年代就提过的社会改革思想，包括养老金、意外保险和医疗保险等内容。俾斯麦曾经希望先发制人，平息社会动荡，减少从德意志帝国流向美国的移民。他的想法对许多欧洲国家产生了深远的影响，这些国家从20世纪早期就开始为工人阶层建立某种形式的社会保险。

在资本主义的温床——美国，民众的工资相对较高，但个人享受不到国家层面的福利，因为美国企业和保守派反对政府干预企业。20世纪30年代的经济大萧条爆发时，美国是唯一没有为工人提供保险计划的工业国家，这意味着由于失业致贫的家庭不得不依靠有限的慈善资源维持生存。赫伯特·胡佛总统认为国家在社会救济方面无能为力。但1933年富兰克林·D.罗斯福继任美国总统后，实施新政，提出了一系列方案，为工人提供就业机会，赋予了工人一些权利。1935年，他推出《社会保障法》，涵盖了失业保险、农业补贴、残疾人和特殊儿童的国家津贴及特殊工人养老金等领域。但美国还是没有医疗保健方案：到21世纪初，美国的婴儿死亡率仍然比大多数欧洲国家高出5%，甚至比古巴还高，而古巴在几乎整个20世纪都是美国在意识形态方面的敌人。

法国的现代社会服务始于1936年的《马提翁协议》（*Matignon Accords*），当时的工会组织罢工，迫使政府和雇主对工人的权利予以保障，比如休假和每周40小时工作制等。

英国经济学家威廉·贝弗里奇在《贝弗里奇报告》中提出了应对5种“社会恶行”（Giant Evils）的方法，这5种社会恶行分别是肮脏、无知、匮乏、懒惰和疾病。这份报告的结果显而易见：从1944年到1948年，英国创造了"福利国家"，引入为工人提供疾病救助和失业救助的国民保险制度，以及免费为公民提供全方位医疗服务的英国国民医疗服务体系（NHS）。

寂静革命

战后的经济繁荣和社会乐观情绪促使许多国家逐渐收拢之前由私人、宗教或慈善机构控制的社会服务。加拿大的寂静革命发生在20世纪60年代的魁北克省，当时的政府控制了以前由罗马天主教会管理的医疗和教育机构，开始实行全民养老金计划，成了福利国家。

世界各地也出现了多种社会援助制度。在丹麦、挪威、瑞典、冰岛和芬兰，所谓的北欧模式创造了自由市场资本主义背景下的全面社会主义福利制度。而中东各大产油国为了截留财富，只给本国公民提供福利，剥夺了外国工人的公民权。中国采取的方式很独特。1978年，中国开始实行抑制人口增长、缓解政府资源压力的独生子女政策。就其目标实现而言，该政策相当成功，但可能也是造成男女比例失衡的原因之一。据估计，目前中国男性数量比女性多出大约3 300万。

医学的里程碑

随着英国国民医疗服务体系等国家层面福利政策的推行，医学进入了政治领域，并被纳入资本体系。健康保险和大型制药公司，甚至试管婴儿产业随之迅速发展。

20世纪下半叶，技术成为医学的重要特征。医学的发展离不开早期的一些技术成果，比如1943年发明的肾透析仪，1929年首次被用于测量人类脑电活动的脑电图（EEG）等。1958年，人类首次植入内置式人工心脏起搏器。20世纪50年代末，人们开始应用像现代呼吸器这样的生命支持器械，取代了30年代的巨型铁肺[①]。1967年实施了第一例心脏移植手术，随后器官移植变成了常规手术。

① 铁肺：又称箱式通气机，是一种体积庞大、笨重的通气机，临床应用受限。——编者注

尽管医疗技术对人类（至少是西方人）的寿命和健康产生了巨大影响，但卫生保健的简单改善影响更大，疾病预防的进步也功不可没，比如1955年发明的脊髓灰质炎疫苗。经过几十年的努力，在20世纪曾经使3亿~5亿人死亡的天花于1980年被彻底消灭。

尽管医学领域进展迅速，但像沙利度胺（又称“反应停”）事件这样的药物误服悲剧还是提醒人们医学研究也有可能出现问题，从而敦促人们对新药进行更加严格的测试。这一事件发生在20世纪50年代，沙利度胺一度被认为是对孕妇安全的镇静剂，但它的使用导致了世界范围内成千上万的婴儿出生时伴有肢体畸形。

社区看护

20世纪初，遭受心理健康问题困扰的人会被当作病人进行治疗，甚至有可能被关进精神病院。在那里，他们可能会接受某些过时的医学治疗，比如脑叶切除术等。从20世纪50年代起，随着精神病院与普通医院的合并，情况发生了重大变化：病人不再遭到监禁，而是得到社区的特殊照顾。这种对待病人的新方法可以消除心理疾病带来的耻辱感。20世纪60年代，人们开始使用一系列疗效更好的精神药物，并且认识到某些传统的、具有潜在危险的治疗方法不但于治病无益，反而过于野蛮粗暴，比如电休克疗法等。截至20世纪末，针对心理疾病患者进行的治疗更加科学。这是医疗保健领域整体得到改善的体现，也是各项公民权利得到保障的表征，比如在这里，病人的权利得到了保障。

微型化浪潮

1946年面世的第一台电子计算机重达30吨，需要占据一整间屋子的空间，由数千个真空管驱动。几十年后，如果有谁没有个人计算机和手机，反倒显得不同寻常。

20世纪50年代，微芯片和集成电路的发明使计算机体积变小，功能更强。1981年，美国国际商业机器公司（IBM）推出了第一台个人电脑；而苹果公司在1984年推出了麦金塔电脑（简称Mac）。电脑开始全方位改变人们的生活，比如工作、购物和社交。

1947年，晶体管的突破性发明催生了微芯片的诞生——带有微电流的微型硅芯片。20世纪50年代末，最初用于通信领域的单个晶体管被集成在硅片上形成完整的电路，这就是芯片。随着芯片功能越来越强大，编程越来越复杂，它们的应用范围越来越广，比如用在信用卡上、用作植入宠物体内的ID（身份识别）芯片等。

让我们扭起来：媒体和流行文化

20世纪初，法国是西方世界的文化中心。很多人慕名前往，在那里大展宏图，其中包括西班牙艺术家巴勃罗·毕加索和美国舞蹈家约瑟芬·贝克。但是，到了经济的长期繁荣期，即“二战”之后的经济快速增长期，美国文化开始影响全世界，尤其是通过电影或电视这样的新视觉媒体。

20世纪前10年，电影已经成为工业化大众娱乐的首选，大多数西方人经常光顾电影院。从1912年开始，位于洛杉矶的好莱坞成为美国电影公司的集散地。第一次世界大战期间，电影公司与美国政府通力合作，进行战争宣传。20世纪20年代，巧妙的市场营销及雄厚的资金来源使这些电影公司成为国际电影产业的主导力量，将美国的社会观念和政治理念渗透到世界各地。

随着名人文化的发展，电影制作的利润急剧增加。一部20世纪20年代的无声电影大约可以赚取100万美元的票房。1960年，艾尔弗雷德·希区柯克的电影《惊魂记》获得了4 000万美元的票房收入，而20世纪70年代的票房冠军《星球大战》（1977）则获得了高达1.47亿美元的票房收入。1997年的《泰坦尼克号》创造了10亿美元的票房纪录。那时，视频、DVD（数字激光视盘）和视频游戏的利润也很丰厚，即使达不到数十亿美元，也相去不远。

20世纪最引人注目的社会变化之一是深入千家万户的大众传媒。首先是广播，然后是电视，它们让新闻、思想和文化瞬间变得触手可及。尽管各种媒体的形式不同，但它们都变得更加复杂，更具可操控性。灾难总会成为头条新闻。1937年的“兴登堡号”空难中，对飞艇着火的现场报道表明新闻行业对公众的影响力具有决定性作用。

1954年，小型便携式晶体管收音机和黑胶唱片面世。青少年文化迎来了爆炸式发展。专门为年轻人度身定做的时尚、音乐和舞蹈风靡全世界，年轻人通过使用俚语对老一辈人表示排斥。

20世纪的音乐越来越多地受到非裔美国音乐的影响，成为当时的流行趋势之一。从20世纪初的拉格泰姆[①]到源自美国南部乡村黑人音乐的布鲁斯、城市非裔美国人的爵士乐，无一不被白人表演者所吸纳。20世纪50年代，黑人音乐和白人音乐继续在摇滚乐中完美融合。“猫王”埃尔维斯·普雷斯利颠覆了歌手们采用静态站姿吟唱的传统，而“小理查德”（理查德·韦恩·彭尼曼）则为那些遭受种族隔离的观众进行表演。

英国的青少年文化在“摇摆的60年代”中不断成长壮大，像甲壳虫乐队（The Beatles）、滚石乐队（The Rolling Stones）和谁人乐队（The Who）这样的音乐组合成功打入美国市场，并闻名世界。流行音乐逐渐分化成包括朋克摇滚和嘻哈音乐在内的多种流派。

除了青年文化的发展，20世纪60年代还经历了巨大的社会变革。随着避孕药的问世，一股新的女权主义浪潮兴起，赋予女性前所未有的自由。与此同时，西方世界的年轻人开始探索“反主流文化”的另类生活方式。嬉皮士们

① 拉格泰姆（ragtime）：美国流行音乐形式之一，盛行于19世纪90年代到第一次世界大战结束，是在黑人音乐的基础上吸收欧洲音乐特点发展而成的。——编者注

接受了来自非洲和亚洲国家的精神影响及民族艺术，尤其是在珠宝和服装艺术方面。在西方世界，无神论和世俗主义第一次变成人们司空见惯的理念。尽管世俗主义和现实主义是这个时期的流行趋势，但20世纪的文学畅销书却大多是幻想类作品，比如：J. R. R. 托尔金的《魔戒》（1954年出版，销量超过1.5亿册）和J. K. 罗琳的《哈利·波特与魔法石》（1997年出版，销量超过1.2亿册）。

6

殖民时代的终结

第二次世界大战后，通过瓜分非洲达到巅峰状态的欧洲殖民扩张开始走下坡路。印度一直被誉为大英帝国王冠上的绚丽宝石，它是非殖民化进程的起点站，随后反殖民运动迅速扩散到整个非洲地区。

随着殖民地民众对殖民者的经济盘剥和文化侵蚀日益不满，非洲的反殖民运动逐渐成形。1905—1907年发生在德国东非殖民地的马及马及起义就是双方力量失衡的悲剧性冲突。当时，本土非洲人奋起反抗德国殖民者，他们相信一种能把子弹变成水（斯瓦希里语称为maji，音译为“马及”）的战备药品可以庇护他们的安全，结果造成了数千人的死亡。就像第一次世界大战的其他战败国属地一样，这个殖民地也成为协约国的托管区。20世纪60年代，这一地区终于实现独立，就是今天的布隆迪、卢旺达和坦桑尼亚。

第二次世界大战后，其他殖民地的反殖民运动也在蓬勃发展，致使日本、意大利、英国、法国、荷兰、葡萄牙及比利时等殖民帝国纷纷解体。有些殖民地的独立过程相对和平，比如位于东南亚的英属马来亚。而其他国家大都发生了武装起义，迫使殖民国家退出殖民地，比如非洲的英国属地肯尼亚、葡萄牙属地安哥拉及英国属地南罗得西亚（今津巴布韦）。很多殖民者在那里拥有大片肥沃的土地。殖民帝国的分崩离析引发了轰轰烈烈的群众运动，使各地的政治、社会和经济动荡不安。

反殖民运动的推进

第一次世界大战后，美国总统伍德罗·威尔逊敦促民主国家停止针对其他国家的领土扩张，认为各国人民理应享有自决和自治的权利。战败国的殖民地经过统一划分，在它们“有能力适应现代环境并实现自治前”由战胜国进行托管，具体托管事宜受到联合国前身——国际联盟的监督。尽管托管无法与独立相提并论，但它毕竟是这些国家最终实现自治的预备性政治议程。

英国和法国的托管区包括原奥斯曼帝国属地中东地区、西非的喀麦隆和多哥兰的部分地区。比利时也接管了原德属东非的部分地区。位于北太平洋和南太平洋的原德属群岛被分给了日本、澳大利亚和新西兰。南非联邦（原属英国自治领，1961年成为南非共和国）接管了原属德国的非洲西南部地区（今纳米比亚）。

1947年，托管制度告一段落，伊拉克、叙利亚、黎巴嫩和约旦先后独立。但其余托管区在独立前皆由相应的托管国继续执行托管任务，只是由联合国接替了国际联盟的监督任务。

对于其他殖民地来讲，独立运动的转折点出现在第二次世界大战即将结束的那个阶段。那时，一些传统农业殖民地的工业已经得到了发展，在这些殖民地产生了全新的中产阶级——他们接受过教育，有能力组织大型民族解放运动。印度和西非的部分地区就是范例。

英属印度的危机

英国的自治领、殖民地、保护国和托管区遍布全世界，在其鼎盛时期，英国统治着全世界1/5的人口；然而第二次世界大战后，所有这些都成了潜在的经济负担。尽管英国是战胜国，但英国经济已被战争拖垮，需要借助美国贷款才能维持社会运转。镇压各地独立运动所需的巨额支出对于负债累累的英国来讲过于奢侈，几乎无力负担。因此，克莱门特·艾德礼在1945年组建新工党政府之后，逐渐奉行非殖民化的相关政策。

1900年之前，印度民众反对英国统治的群众运动一直受到镇压。印度是英国的原材料供应地、工业制成品倾销地（1/5的英国出口商品销往印度）、两次世界大战的主要兵源地。许多印度人希望他们对英国的忠诚可以换来印度的自治，但英国仍然牢牢把控着印度政府，民众对此深感失望。

在印度国内，印度教徒和穆斯林之间的关系一直很紧张。1905年，英国派往印度的总督寇松勋爵将孟加拉省分割成两部分，分别并入印度教和伊斯兰教占主导地位的地区，加剧了双方的紧张关系。东孟加拉属于伊斯兰教的地盘，信奉印度教的少数民众常常受到穆斯林的恐吓，因此怨声载道。但英国拒绝更改这一划分方式，导致民众联合抵制英货并发起暴动。1909年之前，英国已经推行了包括

“由印度民众选举地方立法机构”在内的一些改革措施，但只有2%的印度人（富人及受过良好教育的人）享有投票权，改革力度远远不够。1919年，圣城阿姆利则的英国士兵在镇压示威活动的过程中大肆屠杀印度人，激起了民愤，印度民众奋起反抗英国的统治。

与此同时，自由民主思想在印度教教徒中广泛传播，他们呼吁赋予民众更多权利，要求享有更高水平的生活标准，这使富裕的穆斯林备感恐慌。印度教民族主义领袖、出身贫寒的“圣雄”甘地领导了著名的非暴力不合作运动，支持印度独立，支持印度社会的最低阶层（即“贱民”）获得解放。在甘地心目中，理想的印度应该是个民主共和国——所有的印度人，不论阶级或宗教，都能和睦相处。

撼动大英帝国的盐

1930年，甘地组织了一次非暴力“盐路长征”行动，抗议英国在印度实行的高压盐税。他们从艾哈迈达巴德步行到阿拉伯海，行程长达388千米，持续24天。甘地和数千名追随者一同到达阿拉伯海岸。他特意从海滩上抓起一把海盐（这在当时属于违法行为），并公开宣称："我要用这把盐撼动大英帝国的根基。"甘地因此被捕，但他的入狱引发了民众抗议，随后甘地获释。印度人纷纷以甘地为榜样，自制食盐。同年年底，10万人因为此举被捕入狱。由于罢工频发，工业陷入瘫痪。

甘地的非暴力不合作运动是印度独立斗争的转折点。1931年，他应邀赶赴伦敦参与会谈，讨论印度自治问题。尽管这次会议没有达成令印度教徒、穆斯林和英国人三方满意的解决方案，但甘地的英国之行吸引了全世界的目光，媒体开始纷纷关注印度面临的困境，促使英国放松了对印度的控制。

退出印度

1942年，甘地和印度国民大会党领导人贾瓦哈拉尔·尼赫鲁发起了一项"退出印度"运动，当时正疲于应对战争的英国分身乏术。印度民众很快团结起来，参与运动。但1947年，印度国民大会拒绝了印度穆斯林联盟提出的方案——他们提议在印度独立之后，建立一个独立的伊斯兰国家巴基斯坦（意为“纯粹的土地”）。这一分歧导致了印度教徒和穆斯林之间的骚乱。甘地试图阻止战争，但仍有4 000人因此丧生。

不到一个月，新任的印度总督路易斯·蒙巴顿勋爵就宣布了英方计划：将英属印度分为印度和巴基斯坦两个有主权的自治领，使印度教徒与穆斯林分离，预计1947年8月实现该目标。主要信仰印度教的西孟加拉划入印度，以穆斯林为主的东孟加拉成为巴基斯坦的行政省，叫作东巴基斯坦（1971年，该地区经历了民族解放战争，随后获得独立，成为孟加拉国）。

1947年的印度分裂造成了严重的社会动荡，数百万流离失所的穆斯林和印度教徒被迫重建家园。数十万人死亡，甘地也在暴力事件中丧生——一名印度教极端分子枪杀了甘地，因为他反对甘地试图让印度教徒和穆斯林和谐相处的做法。1950年，印度自治领获得完全独立，并创立宪法。1956年，巴基斯坦也通过了自己的宪法。

英国的做法使印度分裂。穆斯林联盟领袖穆罕默德·真纳把巴基斯坦和印度的诞生描述为“血淋淋的过程”。独立之后，这两个国家之间冲突不绝、战争不断。

英联邦的建立

印度独立6个月之后，以茶叶闻名于世的英属殖民地锡兰（今斯里兰卡）从“退出印度”运动中得到鼓舞，于1948年获得独立。盛产橡胶和锡矿的英属马来亚（“二战”期间曾被日本占领，1948年成为英国治下的保护国），也在1957年获得独立，1963年更名为马来西亚。

锡兰、印度、巴基斯坦和马来亚先后成为英联邦成员。英联邦成立于1949年，是独立国家组成的自由联合体，尊英国国王为元首，大部分成员国都是英国曾经的属地，其宗旨是平等、民主、世界和平和自由贸易。20世纪50年代，英国与英联邦成员国的贸易额比英国与其他欧洲国家的贸易额高出4倍；1973年英国加入欧盟时，这种贸易平衡才被打破。目前，英联邦包括53个国家，其中最大的4个经济体分别为英国、印度、加拿大和澳大利亚，约占世界总人口的1/3。

塞浦路斯绿线

1960年，英国殖民地塞浦路斯（曾是奥斯曼帝国的一部分，自1878年俄土战争后由英国控制）也脱离英国，独立后加入英联邦。在塞浦路斯占多数的希腊族和占少数的土耳其族之间关系紧张，两族冲突不断。希腊族开展民族运动，希望与希腊本土统一。英国和联合国部队派兵维持该地局势。1974年，塞浦路斯政府在一场军事政变中被推翻，一名希望与希腊统一的活动家成为总统，该事件严重刺激了土耳其族，他们派兵占领塞浦路斯北部。

1974年签署的一项和平协议用“绿线”将塞浦路斯划为两部分：北部1/3为北塞浦路斯土耳其共和国，南部2/3为塞浦路斯共和国（主要为希腊族居住），这条“绿线”即联合国缓冲区。直到今天，世界范围内只有土耳其一个国家承认北塞浦路斯土耳其共和国的独立身份。

苏伊士危机

1914年之前，埃及是奥斯曼帝国的组成部分；之后，它成为英国治下的保护国。1922年埃及通过革命获得独立，但英国仍然在该地保留驻军以控制苏伊士运河，而且一家英法公司把持着苏伊士运河的所有权。要想把海湾地区的石油顺利输送到欧洲，经由埃及的水路至关重要。

1952年，由埃及民族主义军官领导的革命推翻了亲英的埃及国王法鲁克，并于1953年宣布成立埃及共和国。1956年上台的埃及总统贾迈勒·阿卜杜勒·纳赛尔宣布苏伊士运河国有化，借此为大坝项目筹集资金。纳赛尔的举动震惊世界。22个国家的代表齐聚伦敦，举行紧急会谈，但没有找到妥善的外交解决方案。英国、法国和以色列秘密计划入侵埃及。1956年10月，三国开始攻击埃及，由以色列军队牵头，英、法进行空军支持。纳赛尔立即采取报复性举措——封锁苏伊士运河，并击沉了正在那里航行的47艘船只，导致欧洲被迫实行汽油定量配给。经过一周的战斗，三国侵略军迫于美国、苏联和联合国三方的压力，全线撤退。

苏伊士危机导致英国首相安东尼·艾登辞职，此举标志着英国的世界大国地位的终结，也促成了1960年发布的一项联合国决议，该决议呼吁各国放弃对其他殖民地的控制权。

越南战争的前奏

自法国在中法战争（1883—1885）中获胜之后，法国一直统治着位于印度和中国之间的领土，即法属印度支那。越南南部（那时称为“南圻”）成为法国殖民地，而柬埔寨、老挝、越南中部和北部（东京[1]和安南）成为法国的保护地。法国保护其不受军事入侵，但当地盛产的橡胶、茶叶、咖啡、大米和胡椒等作物被法国人大肆盘剥，当地居民普遍对此表示不满。

第二次世界大战期间，法国沦陷，维希政府（纳粹德国的傀儡政府）将越南城市河内和西贡的控制权移交给了纳粹德国的战时盟友日本。彼时，日本野心勃勃，意欲控制整个亚洲，正对中国发动全面战争（1937—1945），双方处于战争胶着状态，民众苦不堪言。日本很快占领法属印度支那的所有领土，并派驻日本官员取代了原来的法国官员。

1945年，第二次世界大战结束，战败的日本从越南撤军。曾经奋起反抗日本入侵的“越盟”（越南独立同盟会）迅速占领河内，宣布成立越南民主共和国。这个共和国的存在时间很短，因为法国军队很快重新掌控时局，夺回河

① 此处“东京”是越南北部一地区的旧称，又称“北部湾”。——编者注

内，迫使由民族主义者、共产主义者胡志明领导的越盟撤回山区。从1946年起，越盟与法军开展了长期不懈的游击战。

1949年，法国政府建立了由越南末代皇帝保大领头的傀儡政权，借此削弱胡志明的势力，但越南共产党领导的越盟逐渐发展壮大。中国共产党领导的中华人民共和国向越南的游击队战士提供军事装备，他们用自行车将拆整为零的火炮零部件运进大山。1954年，游击队突袭法国占领的军事要塞奠边府。法国战败，黯然撤出印度支那。

时任美国总统哈里·杜鲁门一直奉行“遏制”政策，意欲阻止共产主义的全球蔓延，因而美国对法国在印度支那的战斗予以大力支持。1953年上台的美国总统德怀特·D.艾森豪威尔把共产主义带给他们的威胁描述为多米诺骨牌效应——如果一个国家倒向共产主义阵营，东南亚其他国家也会纷纷效仿。

1954年,《日内瓦协议》将越南一分为二：胡志明领导的共产主义北越，以及吴庭艳领导的南越。吴庭艳是美国指定的南越领导人，所以有很强的亲美倾向。该协议规定：1956年通过选举决定由谁统治越南。吴庭艳的强权政府遭到民众厌弃，这让胡志明看到了越共统一越南的

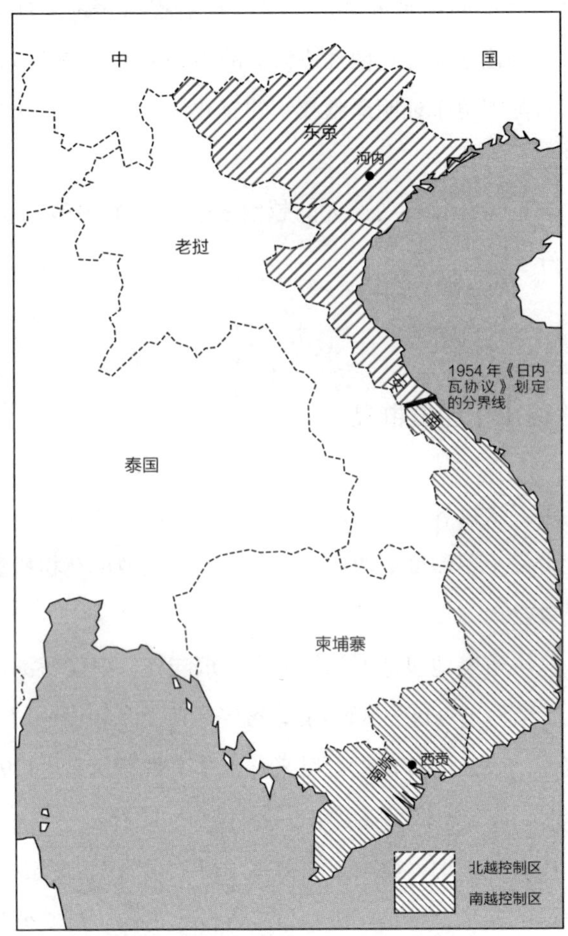

图 7　法国在东南亚的殖民地分布状况及越战前夕的形势

机会，因此向南越的共产主义支持者提供援助。作为报复，吴庭艳违背《日内瓦协议》的相关规定，提前举行选举。而美国急于证明遏制政策的有效性，极力支持吴庭艳的决定。

旷日持久且耗资巨大的越南战争（1961—1975）就这样搭好了舞台背景。

荷兰退出东印度群岛

第二次世界大战后，与印度支那一样，被称为荷属东印度群岛（现印度尼西亚）的东南亚殖民地也在积极反抗殖民政权。

这块殖民地包括苏门答腊岛、爪哇岛、南婆罗洲岛和西里伯斯岛（今苏拉威西岛），曾经是荷兰东印度公司的势力范围，该公司自17世纪以来一直从事香料贸易。1796年破产时，该公司将所属土地悉数移交荷兰政府。

1940年，纳粹德国占领荷兰，荷兰军队无力捍卫这片殖民地的安全，于是它遭到日本入侵和占领。日本把当地人武装起来，训练他们与西方盟军作战，并支持当地民族主义运动的发展。"二战"结束后，日本投降，民族主义者的领导人宣布印度尼西亚独立。

从1945年开始的5年充满动荡，荷兰人试图夺回统治权。本来矛盾丛生的共和党人、共产党人和农村革命者在面对欧洲人时同仇敌忾。最终，荷兰在1949年迫于联合国和美国的压力，承认印度尼西亚独立。

黑暗之心

第二次世界大战结束之初，只有三个非洲国家获得独立：利比里亚、埃及和埃塞俄比亚。尽管许多非洲人曾与欧洲军队并肩作战，但大多数非洲人没有权利自己管理国家。殖民者与非洲人的关系普遍较差，其中最臭名昭著的就是比利时国王利奥波德二世（1865—1909年在位）在殖民地实施的暴行，他的残暴政权统治着盛产橡胶、被雨林覆盖的刚果。1899年约瑟夫·康拉德所著的小说《黑暗之心》（*Heart of Darkness*），就是以此作为情节展开的背景。20世纪60年代，非洲各国从印度获取独立的历程中汲取力量，一股独立浪潮席卷非洲大陆。

位于英国黄金海岸的加纳是这一阶段首个赢得独立的非洲殖民地。来自黄金海岸的士兵在第二次世界大战中曾与英国人并肩作战，但他们回到家乡之后，面临失业的困境，生活困苦。在一次暴乱中，几名加纳退伍军人被英国殖民者开枪打死，导致紧张局势升级，英国被迫制订退出殖民地的相关计划。1951年，在英国的大力支持下，夸梅·恩克鲁玛赢得了该国的首次选举。1957年加纳获得独立后，恩克鲁玛成为总理。他最初希望加纳成为工业化的社会主义国家，人人享有接受教育的机会；但随后加纳经历了经济危机，恩克鲁玛把加纳变成了一党制国家。1966年的军事政变推翻了恩克鲁玛对加纳的统治。

加纳的独立使其他非洲国家大受鼓舞，他们奋起夺权，其中就包括肯尼亚在内。肯尼亚的激进民族主义组织茅茅党（Mau Mau）袭击了定居当地的英国农场主，引发了英国殖民者的镇压，继而发生叛乱，最终肯尼亚在1963年获得独立。

1960年，英国首相哈罗德·麦克米伦被迫承认："变革之风正在席卷整个（非洲）大陆……民族意识的增强是政治领域无法忽略的现实，我们必须考虑这一点。"

非洲的冷战交锋

美国和苏联之间的冷战使非洲的非殖民化进程更加错综复杂。苏联为受共产主义理想驱动的民族主义运动提供武器和资金，而美国则致力于阻止共产主义的蔓延，为那些支持西方资本主义的民族主义团体和领导人提供资助。

动荡不安的比利时属地刚果获取独立的过程就是美苏冷战的典型实例。1960年，迫于蓬勃发展的独立运动，比利时国王博杜安将权力移交给了新当选的刚果总理——刚果革命领袖帕特里斯·卢蒙巴。不到两周，刚果军队就背叛了比利时军官的统辖，而加丹加省在莫伊兹·冲伯的领导下脱离刚果，宣布独立。莫伊兹·冲伯得到了西方社会的鼎力相助，他还向比利时人寻求军事支持。卢蒙巴立即采取行动，要求联合国驱逐比利时军队。联合国随即派遣部队维持当地和平。后来，苏联以刚果加入共产主义阵营为条件，为卢蒙巴提供军事援助。但1960年9月，亲近西方势力的约瑟夫·蒙博托（蒙博托·塞塞·塞科）抓住了卢蒙巴，后来把他交给了冲伯。1965年，在美国的支持下，蒙博托掌权，几年后将国名改为扎伊尔。蒙博托的统治最终在1996年被推翻，那时的刚果政治腐败，经济几近崩溃。

安哥拉从葡萄牙手中争取独立（1961—1975）的过程也同样获得了苏联的军事支持，新独立的莫桑比克政府和南非的非洲人国民大会也不例外。美国采取相应的报复性措施，向反对共产主义的非洲民族主义者和政府提供武器和资金。

苏联在非洲的努力没有达到预期效果。脆弱的经济和暴力的争端造成了极不稳定的政治环境，阻碍了社会主义在非洲的生根发芽。此外，与社会主义国家不同，阶级斗争并不是非洲社会的首要问题。因此大多数非洲国家获得独立后，最终加入了西方资本主义阵营。

针锋相对

1954年，法国被迫退出印度支那，社会党领导的法国政府对此深感屈辱，于是企图控制统治历史长达130年的阿尔及利亚殖民地。1954—1962年，法国对阿尔及利亚民族解放阵线（FLN）进行打击，但再次遭遇失败，而这一失败对法国的影响延续至今。

在阿尔及利亚，相对富裕的欧洲移民（约占人口的

10%）被当地人戏称为“黑脚”。当地人对欧洲移民的不满与日俱增，他们希望获得与“黑脚”相同的权利。但法国政府只进行了有限的改革，因此催生了一些反动组织的建立，比如民族解放阵线。

双方爆发战争，相互厮杀了8年，法国对民族主义煽动者进行了残酷的镇压。这场冲突使脆弱的法兰西第四共和国陷入困境，由戴高乐总统领导的法兰西第五共和国取而代之，戴高乐曾在“二战”期间领导自由法国抵抗运动。此时的戴高乐别无选择，只能将权力移交给民族解放阵线，宣告阿尔及利亚独立。这一决定引发了意想不到的恶果：亲法的阿尔及利亚人反对独立，因而发动恐怖行动对此予以反抗。一年之内，包括欧洲人和犹太人在内的140万难民逃往法国。这些人已在阿尔及利亚生活了数代，因此到法国之后并不能完全融入，这一问题至今仍未消除。

变革之风

许多非洲新兴民族国家在独立之后陷入了政治混乱和经济危机。非洲国家的经济大多基于温饱型农业，在西方国家的支持突然撤离之后，现代工业几乎全线崩溃。但是，拥有宝贵原材料的非洲国家经历了经济的快速增长，贫富差距拉大，比如拥有丰富石油储备的尼日利亚。各国政府面临诸多问题：战争、民族分裂、饥荒和干旱。为了谋求生存，各国政府纷纷走上独裁或腐败之路。

法国退出后，阿尔及利亚爆发内讧，导致了军事独裁政权的产生。20世纪90年代，阿尔及利亚陷入内战。当时，该国政府因为担心伊斯兰教主义者可能获胜而取消了选举。但近年来，阿尔及利亚的政局逐渐趋于稳定，它成为天然气的出口大国。

法国对中非地区的统治从19世纪一直持续到1960年。获得独立后，中非共和国进入独裁统治时代，其中包括独裁者让–贝德尔·博卡萨始于1966年的恐怖统治。直到1979年，他才被法国支持的军事政变推翻。这个国家现今仍然是世界上最贫穷的国家之一。

1971年，英国殖民军前任军官伊迪·阿明夺取了前英国保护国乌干达的政权。之前的历届乌干达政府腐败无能，阿明政府则野蛮镇压异己，残酷统治属下，因处决政治异己分子、严重侵犯人权及疯狂实施种族暴力而臭名昭著。这种状况一直持续到1979年。如今，这个国家的政局相对稳定，经济发展稳健。但北方地区因为“上帝圣主抵抗军”的反叛活动，动乱和暴力无休无止，依然处于民不聊生的境地。

1960年，尼日利亚摆脱了英国的殖民统治，但随后陷入内战。比夫拉地区位于尼日利亚南部，居民主要是信仰基督教的伊博人。1967年，比夫拉从北部穆斯林占主导的联邦分裂出来，建立了比夫拉共和国。这个短命的共和国只存在了三年。联邦政府对比拉夫的军事封锁导致了大规模饥荒，数百万比夫拉人死于饥饿，比夫拉共和国因而失败。由于该地区存在大片高质量的油田，交战双方获得了广泛的国际关注和军事支持。从1968年开始，以“绝望的比夫拉人”作为主题的宣传画出现在世界各地，吸引了大量人道主义援助，特别是来自基督教组织的援助。

石油也改变了前意大利殖民地利比亚的命运。1951年利比亚获得独立。1959年探明的石油储备成为1969年穆阿迈尔·卡扎菲上校发动军事政变的诱因。遗憾的是，尽管利比亚的石油收入在20世纪70年代得到了大幅增长，但大部分被用于资助世界各地的恐怖主义活动。

康乃馨革命

1836年之前，非洲南部的葡属殖民地安哥拉以奴隶贸易而闻名。到了20世纪，安哥拉越来越西方化，但1910年之后，葡萄牙的君主立宪制被不稳定的共和国取代，政局开始动荡。该共和国又在1933年被法西斯独裁的“新国家”（Estado Novo）取代。“新国家”坚决反对共产主义、社会主义、自由主义和反殖民运动，企图让葡属殖民地成为葡萄牙不可分割的组成部分，漠视海外领土针对独立提出的任何要求。

葡萄牙在安哥拉实施的一系列“新国家”政策，比如20世纪50年代的强迫劳动和强行开展的重新安置，引发了一场解放战争，其中包括几次民族主义游击战以及长达13年的疯狂屠杀。葡萄牙试图控制安哥拉冲突，受到了联合国的谴责、武器禁运和国际社会的其他制裁。

1974年，在苏联的影响下，葡萄牙工人阶级对政府的不满逐渐升级，导致了著名的“康乃馨革命”。在这场军事政变中，革命者没有开火，而是把象征社会主义的红色康乃馨插在步枪枪口，政变因此得名。新兴的社会主义政府承诺向民主过渡，要求葡萄牙立即结束殖民统治，使安哥拉和其他葡属殖民地获得独立，包括非洲东南部的莫桑比克和东南亚的东帝汶。该事件促使大批葡萄牙公民逃离这些国家。

1975年，安哥拉获得独立，之后立即陷入内战。这场内战成为非洲地区持续时间最长的军事冲突。由前反政府武装建立的共产主义政府在苏联的支持下与美国支持的叛乱分子展开斗争。1995年，联合国派遣维和部队监督双方缴械。2003年，冲突终于结束，但连年征战使这个国家遍布地雷，经济支离破碎。此后，安哥拉大力发展石油和钻石产业，经济逐渐趋于稳定，社会财富稳步增长。

犹太人出埃及记

在反殖民化背景下，犹太难民纷纷逃离反犹太主义或政局不稳的国家，他们与阿拉伯人的冲突日益加剧。自犹太民众从以色列王国（位于巴勒斯坦）迁到欧洲的那一刻起，欧洲人对犹太人的迫害从未停止，因为他们有着不同的信仰——欧洲人多信奉基督教。德雷福斯案件（1894—1906）只是其中一例。当局为了包庇真正的罪犯，以叛国罪构陷犹太裔法国军官阿尔弗雷德·德雷福斯。从1941年持续到1945年的犹太人大屠杀也是铁证。

19世纪晚期，为了应对盛行的反犹太主义，由匈牙利记者西奥多·赫茨尔领导的犹太复国主义组织在巴勒斯坦购买土地，并在那里建立犹太人定居点。犹太复国主义者认为，散居在外的犹太人应该回到他们位于巴勒斯坦的家园——这是上帝应许给他们的土地，并主张在那里建立由犹太人管理的主权国家。他们组织大规模移民迁往巴勒斯坦，筹集资金援助那些身陷贫困、受到迫害的犹太人。第一次世界大战期间，犹太复国主义者担心脆弱的犹太人定居点无法抵御土耳其军队的侵犯，因此在1917年主动要求英国军队进驻巴勒斯坦，其中包括受过英国教育的犹太复国主义者哈伊姆·魏茨曼，他后来成为以色列的首任总统。

1917年，魏茨曼说服英国外交部部长阿瑟·贝尔福做出承诺，支持建立“巴勒斯坦的犹太民族家园”，从而导致犹太移民人数急剧增加。犹太人的工业、技术和教育设施得到了长足发展，这种状况加剧了巴勒斯坦地区阿拉伯人和犹太人的紧张关系。因此，英国从1930年开始限制进入巴勒斯坦的移民人数；与此同时，德国和奥地利的犹太人也开始面临新一轮的种族歧视。1939年5月，战争一触即发，悬在欧洲犹太人头顶的屠刀随时落下，英国再次对移民人数进行限制，迫使犹太人从事“非法移民”，大批犹太人被犹太抵抗组织秘密运抵巴勒斯坦。

第二次世界大战后，得到美国支持的犹太难民试图移居到英国管理的巴勒斯坦。由于阿拉伯民族主义者的强烈反对，英国再次限制进入巴勒斯坦的移民人数。1946年，为了抗议英国对阿拉伯人的袒护，犹太地下军事组织“伊尔贡”（Irgun）在耶路撒冷的大卫王酒店引爆了一枚炸弹，造成91人死亡。随着紧张局势的加剧，英国于1947年将该问题提交联合国进行仲裁。联合国通过投票，将巴勒斯坦一分为二，分属犹太人和阿拉伯人，并把耶路撒冷作为双方共有的国际区域。这个方案得到了犹太领导人的首肯，但遭到阿拉伯人的强烈反对。阿拉伯袭击事件的升级遭到了犹太武装组织“哈加纳”（Haganah）的暴力回击。1948年4月，英国军队撤离该地区。5月14日，在英国对巴勒斯坦的托管协议期满前几小时，巴勒斯坦犹太人办事处主席戴维·本-古里安宣布：独立的犹太国家以色列正式成立。

次日，第一次中东战争（又称阿以战争）爆发，埃及、叙利亚、黎巴嫩、外约旦（今约旦）和伊拉克联合与以色列争夺巴勒斯坦。截至1949年停战时，以色列已经控制了

1947年边界划分线以外的大片领土，埃及占领了加沙地带，而外约旦则吞并了犹地亚和撒马利亚。因为战争而流离失所的70万巴勒斯坦阿拉伯人涌入约旦、埃及、叙利亚和黎巴嫩。在那里，一些义愤填膺的巴勒斯坦人成立了巴勒斯坦解放组织（PLO）。

新成立的犹太国家以色列成为大量犹太移民的目的地，他们大多来自摆脱殖民地统治的北非伊斯兰国家及中东的阿拉伯国家，也有在1956年苏伊士危机中遭到驱逐的埃及犹太人。

第四次中东战争和戴维营协议

1967年，以色列和巴勒斯坦的冲突再次升级，以色列和联合抵制以色列的阿拉伯邻国之间爆发了“六天战争”（第三次中东战争）。战争结束后，阿拉伯人失去了更多的领土，居住在约旦河西岸的60万巴勒斯坦人被迫接受以色列政府的管理，以色列还占领了西奈半岛（前埃及领土）。这种状况使以色列局势更加复杂，恐怖袭击频发。

阿拉伯国家在1967年遭受的耻辱引发了1973年的第四

次中东战争。埃及和叙利亚对以色列占领的西奈半岛（苏伊士运河以东）、与叙利亚接壤的戈兰高地发动突然袭击。理查德·尼克松总统领导的美国为以色列提供军事支持。作为报复，石油输出国组织的阿拉伯成员国对美国和欧洲实施了石油禁运，导致油价飙升130%，并引发了西方世界的经济衰退。强悍的以色列军队再次获胜，随后联合国拟定了停火协议。1978年，在美国总统吉米·卡特的见证下，以色列总理梅纳赫姆·贝京和埃及总统安瓦尔·萨达特在美国白宫签署了具有历史性意义的《戴维营协议》。根据协议内容，西奈半岛归还埃及，但埃及必须承认以色列作为独立国家的身份。

虽然埃及和以色列之间的和平已经达成，但巴勒斯坦和以色列之间的关系依然处于紧张状态，解决阿-以冲突依然任重而道远。

新帝国主义

第二次世界大战结束后，实力强劲的美国在承认了自己的殖民地菲律宾独立之后，呼吁欧洲列强解散各自的殖民帝国，旨在开放贸易市场、发展世界各地的资本主义。苏联也支持反殖民化运动，但其目标是在发展中国家传播共产主义。冷战期间，这两种相互对立的意识形态为共产主义者和亲西方的民族主义者进行权力斗争提供了资金支持。

1999年，葡萄牙将在中国的最后一个殖民统治地区——澳门的主权移交给中华人民共和国。此前，英国已于1997年将香港交还中国。1842年，中国输掉第一次鸦片战争之后开始被迫开放，香港也在此时被割让给英国。根据1997年英国与中国签订的协议内容，香港在移交后的50年内可以保留资本主义经济和贸易制度。

包括百慕大群岛、直布罗陀和马尔维纳斯群岛（福克兰群岛）[①]在内的其他英国海外属地通过投票，决定继续保持现状。如今，这些地方也实现了内部自治，仅由英国负责国防和外交事务。

至此，欧洲的殖民时代彻底终结。曾经的殖民地除了遗留一些殖民时代的基础设施以外，遍布战争疮痍，被牟

① 马尔维纳斯群岛是阿根廷、英国争议地区，英国称福克兰群岛。——编者注

取了商业暴利。受到重创的非洲国家尤其难以恢复元气，不过其中有些国家盛产石油、铜、黄金、钻石和橡胶等，经济复苏难度相对较低。

许多评论家认为，一种新帝国主义（新殖民主义）已经取代了以海外领土扩张为主的传统殖民主义。大国利用资本主义贸易体系和全球化风潮，从文化、经济和社会等各个方面控制其他经济依赖型国家，以达到扩大自身权力和国际影响力的目的。

7

冷战的寒意

1946年，苏联领导人约瑟夫·斯大林说过：共产主义和资本主义永远无法和平共处；共产主义为战胜资本主义，必须经历斗争。斯大林的理论源自19世纪社会主义哲学家卡尔·马克思。

美国和西欧国家则奉行资本主义自由市场经济，崇尚自由民主选举，注重个人财产所有权。

1922年，第一个社会主义国家——苏联诞生。从那一刻起，两种政治体系的拥趸就开始互相猜疑，害怕对方企图消灭自己。第二次世界大战结束时，双方的互不信任升级为军事对峙。美国和苏联一跃成为世界上最强大的国家，双方都拥有足以摧毁地球的强大武器。

此后几十年中，世人生活在随时可能出现的核毁灭威胁之下。幸运的是，美苏双方总会在核战争爆发之际保持克制。但它们常常展开间接的冷战对抗，通过影响别国或干涉别国内部事务取得对抗的优势。

冷战对抗耗费了巨额资金：据估计，美国用于购买军事装备、为世界各地的反共产主义组织提供武器、研究核武器或其他军备，以及投入朝鲜战争和越南战争的军费开支高达8万亿美元。庞大的军费开支导致了20世纪中叶西方世界经济繁荣时代的覆灭；对苏联而言，它加速了东欧共产主义的终结。

铁幕降临

1939年，苏联领导人约瑟夫·斯大林与德国的阿道夫·希特勒达成了一项出其不意的《苏德互不侵犯条约》，该条约划分了苏德双方在东欧的势力范围。根据条约内容，德国与苏联在“二战”爆发之际先后入侵波兰，然后对其进行了瓜分。

1941年，德国把枪口转向苏联，斯大林随即加入同盟国阵营。1944年，德国面临失败，同盟国领导人在莫斯科会面，共商欧洲的未来大计。英国首相温斯顿·丘吉尔的手写笔记透露，他们打算在战后将势力范围分配给包括苏联在内的同盟国成员。但一年之后的1945年2月，雅尔塔会议在乌克兰召开，丘吉尔和美国总统富兰克林·D. 罗斯福试图缩减苏联在波兰的势力范围。虽然该会议为联合国成立做了准备，并达成了将德国划分为两个占领区的协议，但它在苏联和西方各国之间埋下了猜疑的种子。

会后，斯大林给苏联外交部部长维亚切斯拉夫·莫洛托夫（他的名字被用来命名燃烧瓶）写信说："没关系。我们以后将以我们自己的方式来做这件事。"这位苏联领导人不仅想扩大苏联的国际影响力，还试图通过在苏联和西欧之间建立共产主义国家的堡垒来保护苏联。

在南斯拉夫，由共产主义者约瑟普·铁托领导的抵抗运动完成了驱逐纳粹的艰巨任务，铁托因此当选为这个共产主义联邦国家的总统。南斯拉夫不愿意受到苏联钳制，故而拒绝加入苏联集团，选择保持中立。

在其他地方，苏联红军将东欧和巴尔干半岛的大部分地区从纳粹的铁蹄下解放出来，他们受到了许多共产主义自由战士的夹道欢迎。苏联大力支持共产主义政党，并帮助他们开展宣传活动。截至1949年，匈牙利、保加利亚、罗马尼亚、捷克斯洛伐克、阿尔巴尼亚和波兰都在苏联的影响下建立了共产主义政权。同年，苏联占领的德国东部地区变成

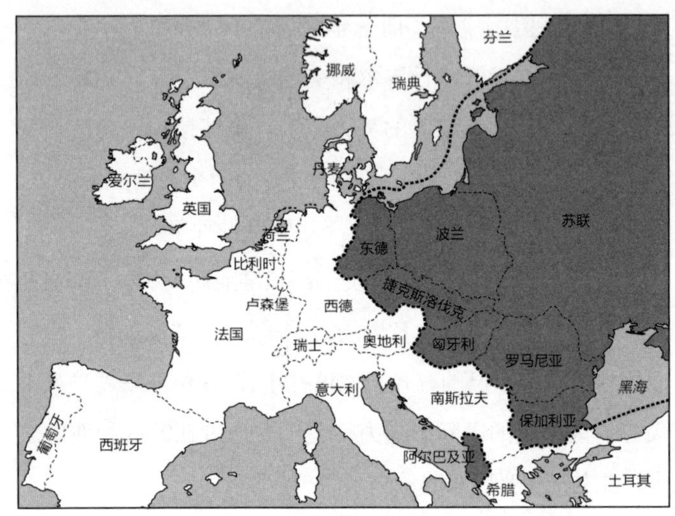

图 8　西欧与东欧之间的铁幕

了德意志民主共和国，随后也加入了这些国家的行列。

温斯顿 · 丘吉尔曾经宣称："一幅横贯欧洲大陆的铁幕已经降落下来。"作为回应，斯大林称他为"好战分子"。

高耸的"柏林墙"

那道隔离柏林东、西部地区的高墙精准体现了冷战时期文化冲突的象征意义。

1948年，英、法、美三国占领的德国非苏占区和西柏林合并（后称联邦德国）。柏林的位置深入苏联占领的德国东部，因此斯大林试图将同盟国盟友完全赶出柏林。他切断了柏林的电力供应，派军队封锁了通往柏林西部的所有道路，并实施食品封锁。

空中运输线是通往西柏林的唯一通道，盟军冲破封锁，完成了史上最大规模的空中补给行动。从1948年6月至1949年5月，西柏林的空运持续了将近一年。在苏联放弃并解除封锁之前，该运输线总共运送了大约150万吨物资。

这是冷战时期的第一次对峙，它为以后几十年的持续冷战奠定了基调。此后，苏联和西方列强从未进行过正面交锋。

1961年8月，苏联在东、西柏林之间建起了“柏林墙”。苏联声称此举旨在阻止西方宣传侵蚀东方世界，但他们的主要目的在于阻止越来越多的民主德国①人迁往西柏林或西方世界。民主德国边防人员奉命射杀任何非法越过“柏林墙”的民众。尽管死亡总人数存在争议，但至少有138名东欧人因为企图偷渡到联邦德国而命丧黄泉。

在卫星国的层层护佑之下，苏联严格控制普通公民与

---

① 1949年10月，东柏林成为民主德国的首都。——编者注

西方国家的任何联系，动用国家机器的铁拳限制言论自由，并把异端分子驱逐到位于西伯利亚的古拉格战俘集中营或苏联其他条件极其艰苦的地方。

在另一边，美国宣称自己是自由的捍卫者。但它一面反对共产主义，一面支持极权主义右翼政权，比如：1973年，美国支持智利军政府推翻了社会主义者、总统萨尔瓦多·阿连德。

华沙公约组织的成立与分裂

冷战的紧张局势进一步升级。1955年，联邦德国自“二战”结束以来第一次得到组建军队的许可，并加入北约组织。北约成立于1949年，由美国、加拿大和10个西欧国家组成。北约是一个共同安全防卫条约：对任何成员国的攻击都将被视为对所有成员国的敌意。这是美国在冷战期间为反对共产主义而在世界各地建立的第一个军事联盟。澳大利亚等国家也先后加入北约。1951年，澳大利亚、新西兰和美国建立了独立于北约之外的军事协定，即《澳新美安全条约》。

苏联把新近拥有武装力量的联邦德国看作巨大的威胁，并对此做出回应，形成了东欧共产主义国家的防务联盟——华沙条约组织。那些没有加入这两个军事组织的国家被称为第三世界。华沙条约允许苏联军队进驻任何签约国，此举招致一些国家的不满。

1956年，匈牙利的反苏情绪达到巅峰，爆发了一场民众起义，最终导致新政府决定退出苏联阵营。这是苏联无法容忍的叛逆行为。同年11月，1 000辆坦克开进匈牙利首都布达佩斯，粉碎了新生的革命政府。成千上万的匈牙利士兵和平民因此丧生，20万人逃往奥地利。

7年以后，另一个东欧国家试图改变其作为苏联“卫星”的地位。1968年，捷克斯洛伐克共产党领导人亚历山大·杜布切克发起了一系列包括废除审查制度、允许新闻自由在内的改革措施。苏联立即对此做出反应。杜布切克遭到拘捕并被替换，捷克斯洛伐克的反苏斗争被镇压了几十年。

展翅高飞的美国雄鹰

苏联在自己周围建立了共产主义缓冲区，而美国总统杜鲁门则在1947年推出了“杜鲁门主义”，借此遏制苏联影响的进一步扩散。杜鲁门曾对美国国会表示：“我认为我们必须协助崇尚自由的民族，用他们自己的方式决定自己的命运。”冷战初期，杜鲁门的遏制政策曾在希腊和土耳其初露端倪。

第二次世界大战期间，德国占领希腊。在抵抗运动中，希腊人开始自相残杀，共产党人和右翼分子争斗不休。1946年，希腊爆发内战。南斯拉夫向希腊的共产党人提供军事援助，而英国则选择支持右翼分子。战后，英国国内经济陷入困境，英国对希腊右翼势力的支持无以为继，美国适时介入。美国的援助对希腊右翼势力的胜利起到了关键性作用，希腊成为巴尔干半岛唯一没有倒向共产主义的国家。

由于财政状况严重恶化，英国也无法继续支持土耳其。1947年，在苏联的高压之下，土耳其被迫允许苏联在土耳其海峡建立海军基地，并允许苏联船只使用黑海到地中海的航道。苏联船只开始在该地区集结，因此美国向土耳其水域派遣了一艘航空母舰，并向土耳其提供了大约1亿美元的经济和军事援助。这一时期的冷战对抗为未来的长期对峙奠定了基础。

朝鲜分裂

1910年，日本占领朝鲜半岛，部分实施了它在亚洲的民族主义扩张野心。自此，朝鲜的命运无法自主，完全掌握在了其他国家手中。第二次世界大战结束时，日本遭到驱逐，获胜的同盟国用“三八线”将朝鲜半岛一分为二。“三八线”以北地区由苏联管理，而以南地区则被美国占领。

由金日成领导的朝鲜半岛北部（朝鲜民主主义人民共和国，简称朝鲜）得到了苏联提供的火炮和坦克。为了统一朝鲜半岛，金日成在1950年美军从朝鲜半岛南部（大韩民国，简称韩国）撤退时发动了一场突然袭击。韩国向联合国求助，而美国借联合国名义，呼吁各个成员国对其伸出援手。共有15个国家对此做出回应，向该地区提供军事援助，它们由美国牵头与朝鲜对峙。

美国轰炸机成功阻止了朝鲜军队向南的挺进步伐。美军在道格拉斯·麦克阿瑟将军的带领下，采取了大胆冒险的军事行动，在朝鲜后方的仁川强行登陆，瓦解了朝鲜军队的攻击，然后继续向前推进，接近中国边境。应朝鲜方面要求，中华人民共和国派遣中国人民志愿军进入朝鲜。南下途中，他们在云山郡重创美军。

麦克阿瑟希望将这场战争升级，对中国实施侵略；但出乎意料的是，美国总统杜鲁门在1951年4月解除了麦克阿瑟的职务。杜鲁门曾公开说："如果我们主动扩大战争，那将是天大的错误，会酿成悲剧。"

在接下来的一个月里，朝鲜战争陷入僵局，双方一边展开拉锯式谈判，一边在"三八线"附近对峙。1953年，双方最终达成停战协议，把朝鲜半岛正式一分为二。

间谍、外层空间和类固醇

冷战双方的相互猜疑开启了谍战时代的纷争。秘密特工、双面间谍甚至三面间谍随处可见，其中包括英国女王伊丽莎白二世的艺术顾问安东尼·布伦特。直到1964年，他作为苏联克格勃的真实身份才被揭露。安全部门人员大肆排查异己，而美国的"红色恐慌"妄想症导致了麦卡锡主义的诞生。这次由参议员约瑟夫·麦卡锡领导的政治迫害，矛头指向共产党人。1950年，麦卡锡开始指控部分政府官员和公众人物有亲苏倾向，包括一些好莱坞演员、编剧和导演。麦卡锡先后指控数千人对美国不忠，通过列入黑名单使他们失业，并监禁数百人。约翰·埃德加·胡佛领导的美国联邦调查局（FBI）对此鼎力相助。

直到1954年，麦卡锡开始向军方动刀，艾森豪威尔总统（第二次世界大战的英雄）和美国参议院才制止了麦卡锡的诽谤行为。在1953年麦卡锡主义运动达到顶峰时，朱利叶斯·罗森堡和埃塞尔·罗森堡夫妇因为被控向苏联传递原子弹的消息而被美国政府判处间谍罪，遭到处决。

冷战的对抗蔓延到了生活的角角落落，连体育赛事都能成为双方的战场。1956年，在澳大利亚墨尔本举行的奥运会上，匈牙利和苏联的水球比赛充满血腥，简直就是冷战的缩影。那时，匈牙利的国内起义被苏联镇压，大家群情激愤，球员和观众都陷入一片混战。

东欧国家非常重视奥运会奖牌，有时他们会通过使用药物来提高运动员的竞技成绩。由于特定的政治事件，冷战双方都曾抵制过奥运会：1980年，美国为了抗议苏联入侵阿富汗，没有参加莫斯科奥运会；而苏联也在1984年放弃参加洛杉矶奥运会。

冷战双方还试图通过太空计划证明各自的技术优势。1957年，苏联发射了第一颗人造卫星“斯普特尼克”

（Sputnik）；1961年，苏联率先把人类送入太空，尤里·加加林成为进入太空的第一人。美国上下一片震惊。

在接下来的一个月里，为了恢复民族自豪感并在太空竞赛中超越苏联，约翰·F. 肯尼迪总统宣布美国即将实施登月计划。他对美国国会说："我认为美国应该在10年内努力实现这一目标，让人类登上月球，并安全返回地球。"1969年7月，当美国宇航员尼尔·阿姆斯特朗和巴兹·奥尔德林迈出"阿波罗11号"的舱门时，肯尼迪的雄心壮志得以实现。这是人类第一次登上月球。很遗憾，肯尼迪没有亲证这一刻的成功：他在1963年遭到暗杀身亡。李·哈维·奥斯瓦尔德暗杀肯尼迪的原因至今仍然是个谜团。

卡斯特罗、格瓦拉和古巴

冷战伊始，美国一直处于上风，因为它是唯一拥有原子弹的国家。但美国的优势没有持续太长时间——1949年，苏联也研发出了原子弹。自此，两个超级大国开始进行军备竞赛，军事威胁或威慑力相比以前越发强大。与其说这是一种力量的平衡，还不如说它是一种恐怖的平衡，因为双方都在倾尽全力制造氢弹或热核弹，其爆炸威力大约是“二战”结束时所用原子弹的500倍。1962年，双方都装备了这类导弹，爆炸当量足以摧毁整个地球文明。

冷战双方的下一个军事目标是研发射程更远的导弹。但从1959年起，美国感觉到了来自加勒比海岛的小国——古巴的威胁。

1959年，由马克思主义革命者菲德尔·卡斯特罗和切·格瓦拉领导的起义军推翻了美国支持的古巴右翼政府。在1961年爆出的“猪湾事件”中，得到美国支持的古巴右翼流亡者试图占领古巴，但惨遭失败。该事件坚定了卡斯特罗向苏联寻求庇护的决心。而美国则因为自家“后院”冒出的共产主义政权而勃然大怒，对古巴实施制裁。但卡斯特罗仍然有能力派遣军队远赴安哥拉和埃塞俄比亚，支援当地得到苏联支持的民族战争。年轻、英俊、热情的切·格瓦拉成为全世界革命青年的偶像。

核恐怖：古巴导弹危机

1962年10月，冷战最可怕的时刻降临了，那是足以改写世界历史的一周。一架美国侦察机发现卡斯特罗领导的社会主义国家古巴正在兴建苏联核导弹基地，距离美国仅仅150千米，这意味着导弹可能击中美国的迈阿密、新奥尔良或华盛顿哥伦比亚特区。

这是美国无法容忍的威胁。肯尼迪总统在电视讲话中宣布："我呼吁（苏联）主席赫鲁晓夫终止这一秘密、鲁莽的挑衅行为并消除其恶劣影响，它将对世界和平及美苏两国的稳定关系构成威胁。"

肯尼迪宣布对古巴岛实施长达800千米的海上环形封锁，阻止苏联运输物资，并警告苏联：任何来自古巴的导弹攻击都将招致美国对苏联的全面报复。他还要求苏联关闭基地，拆除导弹。苏联领导人尼基塔·赫鲁晓夫回应说："封锁就是一种侵略行为。"他拒绝做出让步，运载武器的苏联战舰继续驶向古巴。同一时刻，肯尼迪威胁要入侵古巴，命令挂载核弹的轰炸机做好行动准备。时任国防部部长罗伯特·麦克纳马拉走出总统的办公室时感慨道："我觉得自己可能活不到下个星期六晚上了。"

万幸的是，两国领导人都不希望核战争爆发。肯尼迪对荒诞的局势做了如下评论："两个相互对立的男人竟然拥有终结人类文明的能力，这太不正常了。"

肯尼迪和赫鲁晓夫先互相向对方亮出底牌，又在普通民众的万分恐惧之中，把世界从战争的边缘拉了回来，并开始着手化解矛盾。

苏联命令军舰掉头返航，并从古巴撤走导弹，以此换取肯尼迪的承诺，即美国永远不会入侵古巴。这项协议还有另外一项条款——美国撤出部署在土耳其的核导弹，它是美国应对苏联入侵西欧的屏障。美国当时没有对外公布这项条款的内容，想以此掩盖政府的软弱无能。直到25年后，这个秘密才被公之于世。

那几周的恐怖气氛产生了持久的影响。两个超级大国开始谈判，核试验禁令由此衍生。身处白宫和克里姆林宫的两国领导人架设了热线电话。世界超级大国之间的战争威胁逐渐被合作精神所取代。

越南的冷战纷争

“一战”中，如果有人基于道德原因而不愿意奔赴战场，就会遭到孤立；“二战”中，人们会认为这类人不是好战分子。而到了20世纪60年代，反战情绪开始高涨，人们不仅普遍支持世界和平，还对越南战争表现出极度的反感。

从1961年持续到1975年的越南战争，既是一场民族主义战争，也是冷战冲突的典型例证。它集中体现了为在冷战中赢得上风而对军事资源的肆意浪费（包括造成了大量的人员伤亡）。

1954年，越南在将法国殖民者逐出本土后，分裂为南北两部分：由胡志明领导的共产主义北方政权和吴庭艳领导的亲美南方政府。但事后吴庭艳没有遵照承诺举行民主选举，而是自己出任总统一职。南方的越共力量日渐壮大，美国对此忧心忡忡，于是向吴庭艳政府提供军事顾问、装备及援助。1964年，一艘美方军舰在东京（北部湾）遭到北越的炮火攻击，美国随即派遣军队参战。

第二年，美国又向越南派遣10万军队；同时，来自澳大利亚、新西兰和亚洲国家的军队向美方实施增援。越南战争从最初的领土争夺战变成了一场消耗战。越共游击队通过隐秘的“胡志明小道”得到了苏联和中国的军备物资支持。他们潜藏在丛林中，装扮成平民。即使某一区域遭到打击，他们也能跟随美军的前进步伐，在丛林中神出鬼没。

美军通过铺设地雷或实施空中轰炸打击游击队。他们甚至对平民投掷凝固汽油燃烧弹，这种化学武器会在击中目标后附着在人体表面继续燃烧。为了摧毁越共的藏身之所，他们到处喷洒橙剂——一种有毒的除草剂，在绞杀越共游击队的同时，也灭绝了丛林中的一切生机。

焚烧征兵卡

当时，美国首次通过电视对越南战争进行了直播。人们看到村庄被烧、平民逃离、伤亡将士的棺木堆积如山，不禁惊惧万分。从一开始，美国的各个社会阶层就很反感这场战争。反对越战和征兵制成为20世纪60年代反主流文化的重要组成部分，很多年轻人在公共场合焚烧他们的征兵卡。1966年，非裔美国人穆罕默德·阿里（“拳王”阿里）拒绝应征入伍，他说自己不会“帮助那些奴役黑人的白人奴隶主谋杀、伤害或烧死别人”。尽管他的世界拳击冠军头衔因此遭到撤销，但他并没有因为逃避兵役而被判入狱。

一年后，越共发动突袭。很明显，美国的胜利遥遥无期。1969年，美国新任总统理查德·尼克松逐步回撤越南驻军，并减少对越援助，使南越势力大大削弱。

1973年3月，最后一批美军撤离越南，但南北冲突仍在继续。1975年，北越向南推进，同年4月占领首都西贡。美国撤离接近尾声时，曾与越南难民发生冲突。难民想登上直升机，与美军一起逃离该地。另一些难民则把目光投向海洋，试图乘船逃往非共产主义国家寻求庇护，形成了越南的第一波跨海逃难浪潮。

对美国来讲，越南战争给其造成了沉重的打击。根据美国国防部的相关数据，这场战争耗费了1 730亿美元，如此庞大的资金消耗彻底终结了20世纪中叶的经济繁荣态势。将近6万美国人因此丧生，而越南的伤亡人数可能超过100万，其中大多数是平民。此外，这场战争使美国政府失去了大批民众的支持。

“星球大战”计划

20世纪70年代，美国和苏联的冷战出现了一些解冻的迹象：双方都从核战争的边缘退了回来，并尝试签署一些条约。这表明紧张局势得到了正式缓和。1972年，美国总统尼克松访问了中国和苏联，同年晚些时候，美苏两国签署了《第一阶段限制战略武器条约》（SALT I）。1979年美苏又签署了《第二阶段限制战略武器条约》（SALT II）。但同年，苏联入侵阿富汗，冷战局势再度紧张。

正如越南战争证实美国并非无往不胜那样，1979年苏联入侵阿富汗的战争也同样证明了苏联红军并非不可战胜。为了支持遭到保守派和伊斯兰武装分子威胁的阿富汗共产主义政权，苏联先是派驻军事顾问，然后出兵阿富汗，建立了全新的阿富汗政府。

被称为“圣战者”（专门从事“圣战”或宗教斗争）的穆斯林游击队从美国、巴基斯坦和沙特阿拉伯获得了大量的武器和资金支持。“圣战者”配备了反直升机导弹，苏联因此丧失了阿富汗的制空权。很多当地组织得到了反共产主义国家的资助，其中之一就是“塔利班”。后来，该组织继续在阿富汗实施专制统治，并为恐怖分子“基地组织”提供庇护。

1981年，共和党人罗纳德·里根出任美国总统，他强烈反对共产主义，把苏联称为“邪恶帝国”。他增加了军费开支比例，对拉丁美洲进行了新一轮的干涉，比如资助尼加拉瓜右翼反政府武装等，还策划了一项名为“星球大战”

的战略防御性空间卫星计划。但到了20世纪80年代中期，苏联陷入严重的经济困境。无论是在军备竞赛方面，还是在全球影响力方面，苏联都丧失了与美国匹敌的能力。

开放政策和经济改革

1985年，米哈伊尔·戈尔巴乔夫成为苏联的新任领导人。面对日渐老化的工业基地，腐败无能、不受欢迎、效率低下的政府，以及在阿富汗战争中付出的巨大代价，戈尔巴乔夫推行了翻天覆地的改革措施。

为了振兴经济并把苏联发展成现代化民主国家，戈尔巴乔夫推行“公开性”政策，比如：取消国家审查制度，实行经济改革（重组）等。

由于无法在军事领域与美国保持同步，戈尔巴乔夫开始从阿富汗撤军。1989年，最后一批苏联军队撤离阿富汗，为当地留下了一片混乱。戈尔巴乔夫与美国总统里根举行了一系列峰会，开启了削减战略武器会谈（START）。

一些东欧国家觉察到戈尔巴乔夫不会利用军事力量对付它们，于是开始考虑离开苏联阵营，这一进程随后导致苏联解体。

颠覆波兰的团结工会

尽管美国的资产阶层一直试图控制工人组织，但美国却在暗中支持波兰的一个工会组织。“二战”后，工会成为东欧共产党机构的组成部分。在加入华沙条约组织的国家中，第一个未被共产党控制的工会是波兰的团结工会，这是波兰造船厂工人于1980年在莱赫·瓦文萨的领导下建立的工会组织。工会的罢工演变成反对共产党政府的社会抗议活动，政府迅速做出反应，禁止团结工会的一切活动，但其成员把工会活动变成了号召社会变革和主张工人权利的群众运动。同时，因为团结工会反对苏联的统治，所以它得到了美国的暗中资助。

团结工会最终发展成了一个政治党派。1989年，共产主义波兰政府被迫做出让步，允许部分自由选举。团结工会在选举中获胜，莱赫·瓦文萨当选总统。自“二战”以来，波兰首次出现非共产主义者执掌政权的状况，这表明工人组织也有可能改变政权性质。

苏联解体

事实证明，1989年是个重要的年份，它标志着冷战的结束。匈牙利向奥地利开放了边境；几个东欧国家发生了革命；1989年11月，民主德国撤掉了“柏林墙”的岗哨，来自东、西柏林的德国民众合力推倒了象征冷战的“柏林墙”。同年12月，戈尔巴乔夫和美国总统乔治·H. W. 布什宣布冷战结束。

东欧剧变和苏联解体的速度非常快。1990年，德国重新统一；同年立陶宛宣布脱离苏联。1991年，戈尔巴乔夫下台，他的继任者鲍里斯·叶利钦宣布苏联解体，苏联的15个加盟共和国全部独立，俄罗斯联邦继承了中央苏维埃政权的政治权利。美俄一夜之间成为盟友，美国全力支持叶利钦进行经济改革，帮助俄罗斯从共产主义走向资本主义。

俄罗斯的战争与和平

然而，苏联各加盟共和国独立后的状况也不太平。在特定的历史条件下，持续了数个世纪的种族分裂迅速演变为国内战争，比如格鲁吉亚和阿塞拜疆。因为车臣独立运动遭到亲俄势力的反对，俄罗斯也曾介入车臣地区的冲突。车臣冲突导致驻扎在该地的俄罗斯军队出动干涉，这样的局势一直持续到了21世纪。

虽然冷战已经结束，但核武器军械库依然存在。1991年，各国进行了一系列新的战略武器限制谈判，签订了一项武器削减协定，随后分别在1993年、2002年、2010年达成了进一步的削减协定。冷战高峰时期，美苏共有3万多枚核武器，如今美国和俄罗斯各自只拥有大约1 500枚核弹。

中国登上历史舞台

虽然冷战主要发生在资本主义的美国和共产主义的苏联之间，但中国作为世界上另一个社会主义大国，也曾发挥了一定的作用：冷战结束后，中国取代苏联成为除美国之外的另一个超级大国。

第二次世界大战期间，中国开始在世界事务中发挥作用，当时中国奋力抗击日本侵略的斗争成为大规模全球战争“二战”的一部分。抗战期间，中国共产党领导的革命者与蒋介石领导的国民党政府建立了合作关系。1946年，战争再次爆发。中国共产党得到了苏联的军备支持。1934—1935年，中国共产党在毛泽东的领导下取得了万里长征的胜利，后来中国共产党推翻了国民党政府的专制统治。1949年，蒋介石逃往台湾，而毛泽东领导的中国人民解放军进驻北京，中华人民共和国成立。

苏联为新建立的中华人民共和国派驻顾问，提供援助。有一段时间，中国政府遵循了斯大林式的五年计划和快速工业化政策，并支持周边国家走共产主义的道路，比如：在朝鲜战争（1950—1953）中支持共产主义者领导的朝鲜，在1954年越南的独立战争中支持越共。虽然中国军队没有参与越南战争，但中国共产党向越南的马克思主义者提供了武器和食物，并支持亚洲和非洲的其他共产主义团体。不过，苏联的对外政策引起了中国的不满，双方的分歧导致了1960年的中苏分裂。

进入舞台中心

20世纪六七十年代，备受中国人爱戴的外交家周恩来正在做出安排，想让中国在世界舞台上扮演全新的角色。1971年，中国加入联合国，后来成为安理会常任理事国。为了缓和冷战时期的紧张局势，周恩来与美国进行了谈判。1972年，理查德·尼克松成为首位访问中国的美国总统，这是改善国际关系的重要进步。

1976年毛泽东去世后，中国逐渐完成了从小农经济向世界经济强国的转变。“四人帮”因为意欲策划政变而遭到指控并被逮捕，而作风稳健的邓小平则在政治领域崭露头角。他实行改革开放政策，并开始尝试市场经济模式。

1981年，首个中国经济特区在深圳开放。外国公司应邀前往中国进行投资，贸易规则放松，政府限制也被解除。特区的经济增长异常迅速，5年内中国的贸易出口额翻了一番。1985年，邓小平在全国范围内推行市场经济，鼓励私人企业，实行国有企业私有化，并欢迎外国投资。

1992年，中国开始实行社会主义市场经济制度。人们认为这是20世纪末的经济奇迹。中国的繁荣稳定达到了数个世纪以来的最高水平，经济以每年将近10%的速度增长，大约4亿人的生活水平得到了显著提高；出现了百万富翁，进出口贸易也很活跃。

2004年，中国的国内生产总值超过1.65万亿美元，对外贸易和外商投资总额达1.15万亿美元。大约有3亿人从农村转移到城市就业。

庞大的中国现代经济也带来了问题：不仅有身家百万的企业主，也有贫困的进城务工人员；城市污染严重，森林砍伐造成了农村地区的沙漠化。中国是世界上最大的原材料消耗国，其生产的廉价商品使很多国家的制造业受到冲击。

8

陷入危机

20世纪后半叶，虽然没有出现世界大战级别的冲突，但各种危机层出不穷。20世纪80年代初、80年代末和90年代初爆发的通货膨胀导致了发达国家大范围的经济衰退；同时，部分发展中国家经历了叛乱、内战、饥荒、种族灭绝、种族清洗等磨难与浩劫。

20世纪90年代，东欧剧变和苏联解体加速了南斯拉夫联邦的分崩离析，并引发残酷的“种族清洗”。种族冲突也导致了卢旺达的种族屠杀。后殖民时代的非洲国家得到了大量的国际人道主义援助，取得了不同程度的成功。

工业灾难成为重要的国际议题，比如印度的博帕尔毒气事件和乌克兰苏维埃社会主义共和国的切尔诺贝利核灾难。中东地区局势持续紧张，最终导致两伊（伊朗和伊拉克）冲突。

在美国，道德层面的“禁毒战争”成为20世纪80年代里根总统当政时代“零容忍”政策的范例，但人们普遍认为此举并未有效阻止美国的非法毒品交易。30年后，伊斯兰极端主义成为20世纪的典型特征，美国总统乔治·W.布什宣布启动反恐战争。

斯里兰卡内战

20世纪的种族冲突大多会因为前殖民宗主国的干涉而加剧，从1983年持续到2009年的斯里兰卡内战就是典型的例证。1802年英国占领锡兰时，该岛大部分都是信奉佛教的僧伽罗人，但东北部的小范围地区生活着来自印度南部、信奉印度教的泰米尔人。英国曾经从印度迁入大批泰米尔人充当种植园劳工，致使锡兰岛的泰米尔人口急剧增加。

1948年，锡兰获得独立。次年，僧伽罗人开始对占少数的泰米尔人实行制度性歧视，剥夺了泰米尔人移民的公民权。1972年，锡兰更名为斯里兰卡。1976年，泰米尔伊拉姆猛虎解放组织（LTTE，简称“猛虎组织”）成立，发起了一项争取平等权利的运动。次年，一个主张泰米尔独立的政党在泰米尔地区赢得了所有的议会席位，种族关系越发紧张。1983年，“猛虎组织”发动了内战。

战斗一直持续到1987年，印度维和部队强行逼迫双方停火，但和平并没有持续太长时间。1990年，印度国内出现麻烦，印度军队被迫离开斯里兰卡，停火状态终结，战争重新开始。“猛虎组织”大肆实施暗杀、自杀式袭击和大范围屠杀，先后被32个国家列为恐怖组织。

斯里兰卡政府军也曾遭到多项指控，比如实施强奸、杀害平民、谋杀囚犯等暴行。由于东北部冲突地区禁止记者和人权组织进入，因此无法核实针对政府军的相关指控。

2008年，政府军发动了大规模进攻，将“猛虎组织”逼到北方的一处“口袋”地区。在冲突地区，大约13万平民被俘。据说“猛虎组织”囚禁平民，把他们当作人肉盾牌。

2009年5月，“猛虎组织”投降，旷日持久的斯里兰卡内战终于结束。他们成立了半自治状态的泰米尔省级议会，但紧张局势并未彻底结束。根据战争结束后的视频证据，联合国指控交战双方皆犯有战争罪。斯里兰卡国内敌对势力的和解仍未完成。

种族清洗

20世纪90年代的南斯拉夫内战可以追溯到东欧共产主义的终结。第二次世界大战后成立的南斯拉夫社会主义联邦共和国由约瑟普·铁托出任总统。但组成南斯拉夫联邦的各共和国和行政省内部民族、语言和宗教各异。

1980年，铁托去世。1989年，强大的共产主义政权体系崩溃，南斯拉夫的联邦体制随之瓦解。民族主义者分别在1990年和1991年两度赢得首轮自由选举的胜利，斯洛文尼亚、克罗地亚和马其顿宣布独立。通常情况下，民族主义运动背后总会有某种经济因素作祟：斯洛文尼亚和克罗地亚是联邦内最富有的两个地区，他们不想与“穷亲戚”分享繁荣，而南斯拉夫联邦的其他成员国则不愿意放弃这两块肥肉。

1991年7月，战争爆发。南斯拉夫政府军向斯洛文尼亚发动进攻，但未能控制全局。克罗地亚的塞尔维亚民兵在塞族领导的南斯拉夫政府军帮助下进行了“种族清洗”（驱逐或杀害其他民族成员），截至1992年，他们已经占领了该国1/3的领土。当时，联合国敦促双方谈判，达成停火协议。不过该协议的效力只发挥到1995年，之后克罗地亚政府军发动进攻，重新占领了被塞族民兵占领的领土。

1992年，波斯尼亚和黑塞哥维那宣布独立，但南斯拉夫政府军故伎重演，再次支持波斯尼亚塞族民兵。同年4月，塞族民兵开始围攻萨拉热窝，并在其他地方进行“种族清洗”。战争迅速演变成20世纪民族主义运动的最极端形式之一——种族灭绝。作为联合国划定的安全地带，斯雷布雷尼察本应成为“避风港”，但1995年7月，塞族军队在那里屠杀了8 000名男性波斯尼亚穆斯林，其中甚至包括很多孩子。

1995年8月，塞尔维亚人炮轰萨拉热窝的一处平民市场，联合国和北约动用武力进行干涉，并强行提出和平解决方案，将波斯尼亚一分为二。

1999年，北约再次介入该地区事务。当塞尔维亚残酷镇压科索沃起义时，北约对其进行轰炸。2006年，黑山脱离与塞尔维亚的联盟共和国①。2008年，塞尔维亚的科索沃地区自行宣布脱离塞尔维亚。

巴尔干半岛冲突是第二次世界大战以来欧洲最严重的

① 南斯拉夫社会主义联邦共和国解体后，1992年4月，塞尔维亚共和国与黑山共和国组成南斯拉夫联盟共和国。——编者注

地区冲突，这里发生的“种族清洗”震惊了全世界。许多参与冲突的人后来被联合国指控犯有战争罪，其中包括塞尔维亚总统斯洛博丹·米洛舍维奇。

伊朗和伊拉克的独裁统治

20世纪下半叶，中东地区风云再起。1979年，伊朗国民举行抗议示威活动，反对亲近西方的国王穆罕默德·巴列维，之后穆罕默德逃离伊朗。仇视西方的伊斯兰激进主义政权在“阿亚图拉”鲁霍拉·霍梅尼的领导下接管伊朗。伊朗的石油产量下降，导致全球油价上涨。这时，伊朗国王巴列维前往美国接受治疗，伊朗人把此举看作美国对前任国王的官方支持，抗议者冲进美国驻德黑兰大使馆，并扣押使馆工作人员和美国海军陆战队员作为人质。美国立即做出回应，对伊朗实施制裁，并向伊拉克的萨达姆·侯赛因提供武器和装备。1980年，两伊战争爆发。

萨达姆入侵伊朗的原因很简单：他所领导的阿拉伯复兴社会党建立的非宗教政府，担心伊朗的什叶派穆斯林会在伊拉克什叶派中挑起事端。为完全控制阿拉伯河水路，他还向伊朗索要边境省份胡齐斯坦的领土所有权，这是两国石油出口的必经之路。两国冲突持续了8年（1980—1988），伊朗的石油生产几乎完全停工，而伊拉克的石油产量也严重下降，引发了新一轮的世界经济大衰退。

1990年，萨达姆以收复失地为由入侵科威特，但他的真实目的在于控制科威特的油井。此举引发了海湾战争。1991年，美国带领多国部队将伊拉克军队赶出科威特。许多伊拉克士兵在撤退过程中死于沿途的空袭，因而出现了“死亡公路”的说法。

萨达姆继续残酷镇压库尔德族及其他少数民族的起义。各国对此采取袖手旁观的态度，直到2003年，美国指责萨达姆违反1991年签订的停火协议且秘密研发大规模杀伤性武器。美国随后带领多国部队发动了伊拉克战争，入侵伊拉克，最终推翻了萨达姆政权。2003年12月，萨达姆被捕。2006年，他被伊拉克临时政府以反人类罪处决。

“拯救生命”音乐会

20世纪下半叶，亚洲和拉丁美洲的大部分地区得到了显著的发展，但许多非洲国家在摆脱殖民统治后仍然处于落后状态。多个国家发生内战，比如塞拉利昂（1991—2002）、利比里亚（1989—1996，1999—2003）、刚果（1993—1994，1997—1999）、埃塞俄比亚（1974—1991）及索马里（1991）等。20世纪八九十年代，东非国家埃塞俄比亚和索马里的战争和饥荒引起了全世界的关注，来自全球的人道主义援助以粮食、设备、培训和财政资源等形式不断流向东非。

1941年，英军在东非战役中击败意军，从20世纪30年代起被意大利占领的埃塞俄比亚因此重获独立①。随之而来的是各种反政府暴动和战争。1974年，得到苏联支持的军事独裁者门格斯图·海尔·马里亚姆掌权。但在此期间，埃塞俄比亚的农业系统出现问题，1983—1985年的大旱灾造成了严重的饥荒。

西方各国不愿意与埃塞俄比亚的社会主义政权打交道。他们声称埃塞俄比亚为了支持本国与邻国厄立特里亚的武装冲突，不惜挪用包括援助资金在内的宝贵资源，从

① 1936年，埃塞俄比亚遭意大利侵占；"二战"中意大利被击败后，1941年埃皇帝返回首都复位。——编者注

而加剧了本国民众的困苦程度。媒体报道显示，瘦骨嶙峋的埃塞俄比亚民众通过公共捐赠获得了数百万美元的收入。1985年7月，音乐家鲍勃·格尔多夫曾经就此发起捐助活动，他分别在伦敦和费城举办了名为“拯救生命”的演唱会。这些援助资金拯救了很多生命，但面对大批饥民，援助资金的发放方式存在问题，因此仍然有大约50万人死于饥饿。

20世纪90年代的索马里危机中，人道主义干预再次受到热议。1960年获得独立的索马里共和国位于非洲之角。1991年，索马里的社会主义政府垮台，整个国家随后陷入内战。由于敌对军阀之间的混战和干旱引发的全民饥荒，30多万人活活饿死。

1992年，在内战双方停火期间，联合国向索马里运送了人道主义援助物资，但物资遭到劫持，救援人员受到袭击。1993年年初，为了消除数百万人面临的饥饿威胁，美国总统乔治·H. W. 布什牵头，建议联合国特遣队前往索马里分发粮食，这大大缓解了当地的危机。后来，新当选美国总统的比尔·克林顿缩减了驻守在索马里首都摩加迪沙的美军规模，只留下一支联合国部队维持秩序。一个月后，24名联合国士兵在一次事变中丧生，人们普遍认为军阀法拉赫·艾迪德难辞其咎。联合国部队对其进行全力抓捕。克林顿还部署了一支美国突击部队加入搜捕行动。然而，两架美国“黑鹰”直升机被击落，美军士兵的遗体在摩加迪沙被拖拽游街，这些场面使美国上下一片震惊。1995年，克林顿被迫撤回美军。抓捕艾迪德的任务以失败告终。

索马里的教训使克林顿减少了美国对人道主义武装干预的参与。南斯拉夫战争期间，驻扎在波斯尼亚的联合国维和部队就曾接到这样的警告：不要“重蹈摩加迪沙的覆辙”，一旦遭到攻击，要保持忍让。从此，联合国不再插手各国内战。

这一阶段还出现了一些帮助发展中国家的长期战略，比如兴起于20世纪60年代的公平贸易运动（以贸易代替援助），旨在协助发展中国家的生产者维护公平贸易关系，促进经济可持续发展。国际货币基金组织（IMF）、世界银行及联合国儿童基金会（UNICEF）等战后建立的国际组织也在积极帮助各国励精图治，以消除贫困。

卢旺达种族大屠杀

1994年，联合国因为未能有效阻止卢旺达的种族大屠杀而面临多方批评。

作为非洲中部的小国，卢旺达在19世纪80年代是德属东非殖民地的一部分，第一次世界大战期间被德国转让给比利时。德国和比利时始终未能化解卢旺达国内两个民族——占统治地位的少数民族图西族和占多数的胡图族的对立。

20世纪50年代，比利时扶植图西族对卢旺达实施君主制统治。在卢旺达独立前夕，图西族和胡图族之间的紧张关系加剧，在1959—1961年的胡图族暴动和内战中达到高潮。为了恢复正常的社会秩序，比利时替换了很多图西族酋长，对胡图族人委以重任，致使身为图西族人的国王流亡国外。1962年，卢旺达获得独立，胡图族领导人当选总统，30万图西族人逃往邻国。一部分人在那里组建了民兵组织，他们对卢旺达的多次袭击遭到镇压，生活在卢旺达的大批图西族人惨遭杀害。

1994年，胡图族总统朱韦纳尔·哈比亚利马纳遇害，疑是图西族反抗组织卢旺达爱国阵线（RPF）所为。第二天，卢旺达军队、警察和政府支持的民兵组织开始在全国范围内大肆屠杀图西族人，他们还鼓励胡图族平民拿起砍刀杀害附近的图西族人。卢旺达爱国阵线对此进行了反击，大批胡图族人因此涌入邻国扎伊尔（现为刚果民主共和国）、乌干达、坦桑尼亚和布隆迪，致使这些国家疲于应对数以百万计的胡图族难民。之后，几名联合国维和部队的士兵被杀，于是联合国削减了驻扎在卢旺达的兵力。驻留士兵只能眼睁睁地看着50万~100万卢旺达人（约占卢旺达人口的1/10）在短短100天的种族屠杀中惨遭杀害，另外有1.2万人在难民营中死于痢疾和霍乱。

由保罗·卡加梅领导的卢旺达爱国阵线接管了政府，开始重建这个满目疮痍的国家。自2000年以来，卢旺达经济发展迅速。

卢旺达的种族灭绝大屠杀对西方世界产生了深远的影响，加速了位于荷兰海牙的国际刑事法庭的成立。成立于2002年的该法庭，有权起诉犯有种族灭绝罪、反人类罪和战争罪的个人。

工业化灾难

20世纪，世界范围内的工业扩张带来了无数的工业化灾难，如矿井塌陷、化工厂爆炸等。20世纪80年代发生的两起事件引起了国际社会的普遍关注。印度的博帕尔毒气泄漏事件造成的死亡人数惊人，估计高达15 000人。苏联西部（今乌克兰）的切尔诺贝利核反应堆熔化，直接造成的死亡人数不到34人，但这是有史以来最严重的核电站事故。人们对此深表担忧，他们害怕整个西欧地区因核辐射导致的变异和癌症死亡人数会因此增加。

博帕尔毒气泄漏事故发生在20世纪80年代的美属联合碳化物公司的化工厂。该厂主要生产一种有毒的杀虫剂，其原料是甲基异氰酸酯（MIC）；为了节约生产成本，他们缩减了必要的安全程序。1984年12月3日清晨，工厂的一处阀门破裂，甲基异氰酸酯料池进水，导致有毒气体扩散到城市上空。尽管进行了紧急疏散，但仅在最初几天，就有3 000人死亡，数千人住院接受治疗。1989年，该公司向受害者支付了赔偿金，但对许多人来说，这笔赔偿金远远不够。针对这家公司的法律诉讼一直没有结束。

1986年4月26日凌晨，乌克兰的切尔诺贝利核电站正在进行安全测试，核反应堆的能量骤增，事故随即发生。4号核反应堆爆炸，内部的石墨控制杆开始燃烧，向大气层释放出大量放射性尘埃。尽管消防队员尽力扑救，但收效甚微。核反应堆整整燃烧了两周才熄灭。有些消防员很快死于辐射病，还有一些因此患病。距离切尔诺贝利核电站最近的普里皮亚季城紧急疏散了居民，至今仍是一座鬼城。连遥远的瑞典都检测到了随风飘散的放射性尘埃，迫使苏联领导人米哈伊尔·戈尔巴乔夫向世界公布了灾难详情。苏联的加盟共和国乌克兰和白俄罗斯受损严重。许多欧洲国家处于放射性尘埃回降带，于是各国政府下令销毁高海拔地区的农作物和牲畜，以防人类食物受到核污染。

国际社会开始对苏联的核工业进行密切关注和审查。这一事件促使苏联进一步对外开放，为随后的开放政策和经济改革铺平了道路，也促使苏联解体。

禁毒战争

19世纪中叶，英国因为鸦片向中国发动了两次战争，毒品交易使英国获得了丰富的利润。但到了20世纪，反对娱乐性毒品的“战役”使很多国家从20世纪60年代起就禁止了毒品交易。

“禁毒战争”是美国总统尼克松在1971年提出的理念，旨在应对世界范围内日益严重的毒品滥用问题。毒品滥用催生了非法贩卖，每年的毒品交易价值高达数十亿美元。其中比较有名的包括阿富汗的海洛因或鸦片、秘鲁和哥伦比亚的可卡因。

禁毒战争实际上是一系列包括美国国内和跨国行动在内的惩罚性运动，旨在反对毒品的消费、持有和传播。在20世纪80年代的里根–布什时代，“禁毒战争”演变成了一场针对街头帮派的军事行动。1988年，郊区少年卡伦·东芝在帮派交火中遇害，耗资巨大的“铁锤行动”正式启动。1990年，超过5万人因此被捕。许多非裔美国人本来就已经因为贫困和种族歧视而身陷各种社会、经济问题，到1995年，大规模开展的禁毒运动又使他们背上了刑事罪名。

2009年，美国总统巴拉克·奥巴马在任期间放弃了“禁毒战争”。他认为这一政策会适得其反。2011年，全球毒品政策委员会的报告称，全球范围内针对毒品展开的斗争业已失败。一些群体提倡毒品合法化；另一些人则主张对毒品“零容忍”，瑞典就是一例。瑞典的可卡因吸食人数只有西班牙的1/5，而西班牙则承认私人使用毒品合法。瑞典的做法主要关注公共健康问题，涉及严厉的惩罚措施。但研究表明，经济和文化因素才是推动毒品流行的关键，而不是禁毒的严厉程度。所以，尚需继续探索统一标准的毒品政策。

恐怖主义丑陋登场

2005年，联合国大会将恐怖主义定义为“为了政治目的而故意或蓄意在一般公众、某一群人或某些人之中引起恐怖状态的犯罪行为”；还补充说，无论出于何种意识形态、宗教、种族还是其他方面的考虑，这样的行为都无正当理由可言。

很多人认为这一定义同样适用于国家行为。恐怖主义有时候很难界定：在某个群体被当作恐怖分子的个体，换个群体可能就成为自由战士。纳尔逊·曼德拉曾经被打上“恐怖分子”的标签，但他1994年当选南非首位黑人总统，并于1993年赢得了诺贝尔和平奖。以色列总理梅纳赫姆·贝京、爱尔兰资深政治家格里·亚当斯和马丁·麦吉尼斯也曾受到类似指控。阿根廷革命家切·格瓦拉在左翼分子眼里是英雄，右翼分子却把他当作凶残的恐怖分子。

20世纪的恐怖活动背后隐藏着不同的动机。其中一些恐怖活动源于冷战时期的国家分裂，许多恐怖分子本身就是民族分裂分子，还有一些人秉承着宗教极端主义。20世纪初的大多数恐怖主义行动只是针对知名人物的暗杀，比如塞尔维亚民族主义组织在1914年对奥地利大公弗兰茨·斐迪南发动袭击，导致了第一次世界大战的爆发。随着时间的推移，越来越多的暴力行为指向了普通民众——要么是随机选择的平民，要么是代表政府的军事人员。

20世纪60年代，反主流文化培植了一批反对资本主义的左翼团体，如联邦德国的“巴德尔-迈因霍夫帮”。由安德烈亚斯·巴德尔和乌尔丽克·迈因霍夫领导的帮派轰炸商店、警局及在德国的美军基地，还杀死了一名人质，并试图占领德国驻瑞典大使馆。1977年秋，他们的恐怖攻击更加丧心病狂，史称“德意志之秋”。在劫机出逃失败之后，该团伙幸存的领导人集体自杀。

1968—1978年，在巴德尔-迈因霍夫帮的启发之下，世界各地的恐怖主义分子频繁现身。1948年犹太人占领巴勒斯坦后，许多巴勒斯坦人被赶入难民营，他们开始对以色列及其西方支持国发动恐怖袭击。在1972年举办的慕尼黑奥运会上，恐怖组织“黑色九月”实施了令人发指的暴行：杀死了两名以色列运动员，扣押另外9名作为人质。在拙劣的营救行动中，5名恐怖分子、9名人质全部丧生，两名德国警察也搭上了性命。

在全球共享资讯的现代世界，恐怖主义行为成为各大媒体的头条新闻，恐怖分子获得了他们预期的关注。巴勒斯坦人的行为鼓动了世界各地的“革命者”，比如日本的“赤军派”，他们在1972年袭击了以色列的特拉维夫（卢德）国际机场，26人因此丧生。

分裂主义还是宗教使命？

一些分裂主义团体（想要从更大或更强的团体中分离出去的宗教或少数民族团体）试图通过暴力行动迫使占领者离开他们的家园，比如20世纪30年代反对英国占领埃及的穆斯林兄弟会，1936—1939年反对英国托管巴勒斯坦的犹太“伊尔贡”组织，巴斯克分裂组织，加拿大魁北克的极端主义分子“魁北克解放阵线”（FLQ），分别于1994年和1999年对俄罗斯进行目标打击的车臣恐怖组织等。第二次世界大战之后的冷战对抗造成了这样的荒谬结果：有时候，恐怖组织赖以生存的军火装备不是来自军火走私，而是来自打击恐怖分子的各国政府。

尽管巴勒斯坦和以色列的纷争仍然是恐怖主义泛滥的主要原因，但到了20世纪80年代，某些阿拉伯恐怖组织制造爆炸事件的原因更加复杂。比如1988年发生的洛克比空难中，携有炸弹的泛美航空公司航班在苏格兰小镇洛克比上空爆炸解体。该事件可能是利比亚的卡扎菲上校对美国实施的报复行动。1993年，伊斯兰宗教激进主义者首次在世界贸易中心制造爆炸案，也是出于对美国的仇恨。

2001年9月11日，这种仇恨的发泄到达顶点。几名基地组织成员劫持了几架飞机，分别撞向位于美国纽约的世界贸易中心和五角大楼，造成近3 000人死亡。美国立即做出反应，宣布启动反恐战争。多国部队在美国的带领下入侵阿富汗和伊拉克，并在巴基斯坦及其他地方采取了军事行动。

与此同时，美国还得应对美国本土的恐怖主义。1995年，仇视联邦政府的右翼分子蒂莫西·麦克维轰炸了位于俄克拉何马城的一幢联邦大楼，造成168人死亡。

血腥星期日

北爱尔兰的恐怖主义既有宗教原因，也有民族主义动机：爱尔兰共和军（IRA）反对英国在北爱尔兰的统治；同时，因为他们中的大多数人信奉罗马天主教，所以他们经常选择新教徒作为打击目标。

1921年，爱尔兰南部26个郡成立自由邦，脱离英国获得独立（1948年脱离英联邦），但这个岛国的北部仍然留在英联邦。因为大多数北爱尔兰人信奉新教，选择拥护英国统治；而少数支持爱尔兰共和国的民族主义者几乎全是天主教徒，他们希望北爱尔兰省回归南方的爱尔兰共和国。双方的分歧与斗争持续了30年，导致3 600人因此死亡。1972年1月30日是其中不可忽略的一个节点，史称“血腥星期日”。当天，英国军队向伦敦德里郡的示威者开火，当场射杀13人，还有1人随后重伤不治。英军声称现场士兵是在遭到枪击之后才开火予以还击的，但手无寸铁的示威者将该事件视作英国策动的一次谋杀行动。

从那时起，爱尔兰共和军逐渐向恐怖主义靠拢。1979年，他们在女王堂兄蒙巴顿勋爵的船上放置了一枚炸弹，勋爵本人、他14岁的孙子及一名15岁的本地船工当场丧命。爱尔兰共和军还实施了其他恐怖主义行动，比如：轰炸英国本土的军事、平民目标，预谋袭击直布罗陀等。

最后，双方在1998年签订了《耶稣受难节协议》。这是一个和平政治协议，确定在北爱尔兰建立权力共享的政府。2010年，一项调查显示：英军应对“血腥星期日”负全责，士兵没有受到来自示威者的任何攻击，却向手无寸铁的平民开火。

虽然20世纪末出现了伊斯兰宗教激进主义者发动的新型恐怖主义袭击，但有一点令人欣慰，那就是像北爱尔兰这样长期存在冲突的地区局势逐渐趋于稳定。

9

新世纪的曙光

20世纪末，全球人口已达61亿，疯传已久的末日恐惧再次降临。人们担心计算机系统无法适应新千年的日期变更，由此衍生出“千年虫”问题。事实证明这只是以讹传讹的拙劣杜撰。

技术呈现出惊人的发展速度：技术进步把人类带上了月球，但到了20世纪末，个人台式计算机的运算能力已经超过了美国国家航空航天局（NASA）第一次登月时所用的电脑。科学、医学及技术方面的进步使人类生活发生了革命性变化，万维网和移动电话改变了人们的交流方式，使信息在全球文化网络中迅速传播。这个世纪是美国向世界展示专场表演的时间，原因不仅在于美国开始占据政治、经济主导地位，也在于美国文化已经渗透到世界的每个角落。

20世纪末，许多国家都在踩着美国的脚印追求自由贸易，人们因此接触到了更多的廉价商品和服务，生活水平大幅提高。然而，自由贸易的收益与风险并存，国家之间的竞争加剧成为产生冲突的潜在根源。个别国家或贸易集团可能会通过设置关税壁垒（贸易保护主义政策）应对全球贸易竞争或保护本国工业，使其免受竞争碾压，这种做法无异于19世纪英国《谷物法》的重新回归。

更长的寿命，更好的生活

医学发展达到了全盛期，发达国家的民众可以预防和治愈很多以前可能致命的疾病。良好的饮食辅之以现代卫生技术和常规医疗保健，使人们的寿命得以延长。20世纪初，欧洲的人均寿命只有47岁；到了2001年，这个数字上升到76.8岁。2001年的非洲人均寿命是50.5岁，尽管与1950年的数据35.6岁相比有了很大提升，但与欧洲相比仍有较大差距。

1953年，人类首次发现DNA（脱氧核糖核酸）这种基本遗传物质的双螺旋构型。之后，人们开始探索基因疗法，并尝试改变某些疾病的遗传基础。例如，人类早在1981年就发现了不断变异的艾滋病病毒（HIV），并于1983年查明了这种病毒的特性。迄今为止，治疗艾滋病的最好方法是服用一种在基因层面上干预病毒以改变其复制能力的药物。

20世纪70年代，在实验室环境下进行生命复制成为现实，不再是《科学怪人》（*Frankenstein*）中的虚构情节。保罗·伯格的基因剪接实验使遗传物质的转移成为可能。20世纪80年代，人们培养出了有助于清理泄漏石油的细菌。1994年，转基因作物面世，人们起初对此将信将疑。不过转基因作物很快受到了农业生产者的青睐，随后转基因玉米和大豆制品摆上了千家万户的餐桌。

20世纪80年代，组织培养的方式得到长足发展。由此衍生的干细胞研究被应用于某些疾病的治疗，人工培育的组织被广泛用于药物测试和植皮手术。

尽管人类仍然面对许多重大挑战，比如微生物对抗生素产生抗药性等问题，但医疗保健领域的巨大进步还是非常令人惊叹。1997年，美国科学家卡尔·萨根说："医学进步所挽救的生命远远超过了历史上所有战争中牺牲的生命……"

互联网的诞生

20世纪60年代，各个领域都产生了将计算机通过网络连接在一起的需求：计算机程序员想借此提高计算机的运算能力；美国军方想要建立一个通信网络，以便应对核战争时指挥中心被毁的状况；而学者则对分享彼此的观点很感兴趣。

英国、法国和美国的计算机研发人员提出了分散系统的理念：网络中没有中央命令，所有的计算机都是“平等的个体”。20世纪70年代，几个小型的雏形网络系统研发成功，它们能够通过低速电话线路传递数据包，比如法国的“基岛”（CYCLADES）、美国和英国邮政部门开发的学术研究网络“联合科研网”（JANET）等。其中，由美国国防部赞助研发的大型网络“阿帕网”（ARPANET）的影响面最广。1969年，阿帕网首次在两台计算机之间建立连接；1972年，共有37台计算机与该系统相连；截至1981年，阿帕网已有213个节点或访问节点。

1974年，Internet（互联网）这个术语首次面世，它是internetworking（网际互连）的简称。1978年，随着不同的网络体系采用统一的系统传输信息数据包（TCP，传输控制协议)、组织成员机器的地址(IP,互联网协议),网络连接成为可能,互联网的使用全面展开。

编织互联网

1989年,英国计算机科学家蒂姆·伯纳斯–李提出了万维网(World Wide Web)的构想。他意识到互联网不仅可以让人们通过计算机分享信息,还可以通过计算机与任何处于网络中的其他计算机进行信息共享。他创建了独特的方式,使网络文本可以与其他网络共享文本相互链接,而联网用户可以访问共享文本。

他发明的三项基本技术分别为HTML(超文本置标语言)、URL(统一资源定位地址)和HTTP(超文本传送协议)。HTML对网络信息进行格式化,URL对网页进行系统定位,HTTP是规范网络资源传输和检索的计算机语言。他还编写了首个网页编辑器和服务器程序。1990年,第一个网页上传成功。

伯纳斯–李希望网络数据成为人类的共享信息,所以他没有申请发明专利。他一直致力于保持万维网底层代码和数据的开放性。他曾经这样说:“你不能试图控制某个像宇宙一样广阔的东西。”

伯纳斯-李可能不会把自己归入革命者的行列，但随着万维网的发展，他使信息的传输和获取方式发生了革命性的变化。

重塑世界

通过万维网，人们可以快速、轻松地完成跨国界的思想交流，发表个人看法，还可以建立商业网站：网上购物是互联网起步较早的领域之一。

网络造成的变化也会导致负面效应。互联网巨头——易趣、亚马逊等逐渐冲击了诸如图书销售等领域的商业街区小型店铺，因为互联网可以提供更低的折扣，并且让消费者拥有更多的选择余地，而规模较小的零售商无法与之展开竞争。

随着通信设备运行速度的提升，上传音频或可视化信息和上传文本一样成为可能。传统的娱乐服务经过改造，可在网络进行播放；而报纸、书籍这样的印刷出版行业，必须适应新型技术，提供在线阅读内容、新型音频或电子书格式。20世纪90年代后期，博客推送已具雏形，个人无须借助传统媒介就能接触大量受众。

微型化奇迹仍在继续。20世纪80年代，第一台笔记本电脑问世，重量很轻，可以随身携带。20世纪90年代，科技产品的价格直线下降。价格低廉的电脑将互联网带入了发展中国家的广大农村地区：从2003年开始，亚洲或非洲的一些偏远地区可以使用自行车驱动的计算机与无线网络相连。这项新技术在世界范围内传播了知识，改变了远程学习的方式，并在世界范围内传播了新的思想。朝鲜的内部互联网严格控制信息的浏览，只有为数不多的学者或政府官员拥有访问万维网的权限。

1994年，第一部智能手机问世，从此以后人们可以通过手机上网。20世纪末，随着手机和计算机内置摄像头的普及，流行文化迅速传播，借助网站构建的社交网络成为可能，比如分别在2004年、2005年年初推出的脸谱网和视频网站（YouTube）。

20世纪的最后几年见证了通信和互联网革命的快速全球化。各大公司、国际组织和各国政府可以借助计算机及全球通信网络飞速接收海量信息，并与更多决策者进行信息分享。信息交流的速度和强度改变了个人、组织和政府之间的相互关系。

污染与破坏

20世纪的工业化国家需要大量能源供应。截至1990年，欧洲每日消耗1 500万桶石油，而美国的石油日消耗量高达1 700万桶。其中，大约有3/4的石油被用作燃料：汽油、柴油和飞机燃油。截至2000年，全世界总共拥有约5亿辆汽车。

20世纪70年代的石油危机迫使西方国家尝试减少对中东石油的依赖。此后，北欧国家在北海发现了石油储区，美国正式开始研发水力压裂技术（一种借助水力的页岩钻井技术）。尽管该技术在21世纪引发了争议，但仍然在各地得到了广泛应用。中东的新气田开采出了天然气。由于海湾战争期间油价飞涨，1990年石油危机再次爆发。对化石燃料的依赖仍然是一个问题，一些大型企业因此被迫开发替代性能源。

除了经济因素之外，把石油、天然气和煤炭作为燃料也衍生了另外一个问题：它们产生的温室气体被认为是导致全球变暖、气候变化的原因之一。自从19世纪50年代的工业革命以来，工厂和发电厂一直燃烧煤炭以提供动力。化石燃料的副产品是二氧化碳（CO_2）和其他温室气体。现代科学家认为，它们会在大气层中逐渐累积，就像一层隔热毯一样吸收来自地表的热量，并将其返回地面，使地球温度上升。由于植物可以吸收二氧化碳，所以森林砍伐——尤其是对亚马孙热带雨林的砍伐——也是温室效应加剧的重要因素。

20世纪60年代，已经有人察觉到：因为人类活动，地球正在变暖。科学家们声称20世纪下半叶观测到的这些现象都可以作为该推论的依据：温度升高，冰川和海冰融化，海洋变暖，海平面上升，极端天气频发等。截至2000年，地球温度相对于1900年大约升高了0.7摄氏度。根据政府间气候变化专门委员会（IPCC）的预测，2100年的地球温度将会上升2~3.5摄氏度。科学家发出警告：全球变暖可能导致低洼地区发生洪涝灾害，并给撒哈拉以南非洲地区及其他贫困地区带来严重问题。这些地区的资源有限，难以应对气候的变化。

清洁行动

1985年，法国秘密特工在新西兰海域击沉了环保组织绿色和平组织的旗舰“彩虹勇士号”，借此阻止该舰驶向太平洋抗议法国的核试验，一名绿色和平组织成员因此遇难。经过此事，环保人士与政府的关系跌至低谷，这也说明许多国家并没有认识到环境问题的重要性。

各国政府疏于采取行动，能源和运输公司也否认气候变化问题与工业化的关系。但在1995年，政府间气候变化专门委员会进一步指出，多方证据表明人类的确会对全球气候产生影响。

起初，人们似乎认为避开生态灾难的唯一途径就是减少导致温室气体排放的所有活动，而这过于严苛了。在西方世界，几乎没有人愿意放弃汽车、长假或电能；而在发展中国家，尽管人们尚未享用，但也没人愿意放弃这些东西。

幸运的是，技术似乎可以解决这一问题。尽管几十年来环保主义者一直呼吁人们使用可持续再生能源，但研发太阳能电池板（从20世纪70年代起价格下降，人们普遍可以负担）和风电场（1980年美国首次建设成功）的真正动力源于寻找石油替代能源的紧迫性。1990年，现代电动汽车首次面世。核能虽然存在争议，但已被作为较清洁能源逐步替代化石燃料。

目前仍处于研发状态的新技术包括氢能源储存、合成燃料及清除空气中的二氧化碳等。同时，人们还对石油和天然气的开采技术进行了改进，延长了它们的可供应时间。

《巴黎协议》与地球未来

1992年，首届地球峰会（Earth Summit）在巴西的里约热内卢举行。1997年，在日本京都召开的另一次峰会上，签署了《京都议定书》，该协议对所有缔约国的温室气体排放量提出了限制。从经济角度讲，减少二氧化碳的排放会付出高昂的代价。世界上最大的温室气体排放国——美国拒绝签署协议书。

2015年，美国和中国这两个最大的污染物排放国已经接受了一项与气候变化相关的新协议——《巴黎协定》[①]。该协议计划力争在21世纪实现污染物的净零排放，遏制全球变暖。

① 2017年6月，美国退出《巴黎协定》。——编者注

贸易全球化

虽然20世纪初的殖民主义建立了全球贸易体系，但该体系建立在通过贸易顺差（出口大于进口）积累财富的基础之上。而世界贸易组织所提倡的自由贸易制度（无进口关税和其他贸易壁垒，开放边境）能够大幅增加国际贸易额。截至20世纪末，世界大部分地区采用了这种制度。

截至2000年，国家间的贸易协定得到扩展，覆盖面积更大。1994年，北美洲的加拿大和美国之间已存的贸易协定被扩展成加拿大、美国和墨西哥三国参与的《北美自由贸易协定》（NAFTA）。同年，位于北美洲、中南美洲及加勒比地区的34个国家（除古巴以外）形成了更加广泛的区域联盟，即美洲自由贸易区（FTAA），相关谈判仍在进行中。

其他重要的贸易集团或区域组织包括1963年成立的非洲统一组织，创建该组织的部分目的在于反对殖民主义，2002年它被非洲联盟取代；还有1967年成立的东南亚国家联盟（简称“东盟”，ASEAN）以及1989年由环太平洋国家建立的亚太经济合作组织（APEC）。

开放边境

20世纪出现了另一个新趋势：国家集团内部互相开放边境，例如欧盟成员国之间边境开放，以及新西兰和澳大利亚之间的旅行自由等。开放边境使劳动力得以自由流动，截至2000年，借助便利的现代交通和发达的通信设备，许多人走出国门工作学习。然而，非法移民也是20世纪的明显特征之一，从非洲到欧洲、从南美到美国以及从亚洲到澳大利亚这几条线路的非法移民尤其频繁。非法移民中有逃离战争或饥荒的难民，也有寻求就业或期望改善生活质量的经济类移民。

移民问题将成为21世纪最重要的议题之一，届时非洲及中东地区的冲突将导致数百万难民逃往欧洲，这是“二战”之后最大规模的人员迁徙，必将造成前所未有的移民危机。

权力转移

20世纪初，由贵族精英统治的欧洲国家一直是世界的主导力量，但随着20世纪的消逝，欧洲国家的地位逐渐下降。“二战”后，美国一跃成为世界排名第一的超级大国，苏联紧随其后。世纪之交，中国成长为世界舞台的经济巨人。各国的力量平衡已经悄然发生变化，而且变化还在继续。

20世纪的另一个变化是更多超国界组织的出现，它们的存在基础更倾向于经济的相似性，而非早期通过条约缔结的帝国联盟。这是由不同民族国家组成的世界向新兴的国际政治、社会和经济联盟进行的转变。这种超越国家边界的组织结构可能更加持久，但20世纪末，一些组织内部的国际分歧业已出现，势必威胁组织的内部凝聚力。例如，对欧盟来讲，大批移民试图进入欧洲，使《申根协定》的存续面临威胁，因为该协定要求欧盟成员国之间取消边境关卡。

辞旧迎新

20世纪，殖民主义一度繁荣昌盛，而后走向没落。大多数殖民国家业已承认殖民地拥有独立自治的权利。共产主义意识形态实验在俄罗斯和东欧国家相继兴起，之后这些地区的共产主义政权消亡。随着苏联的解体，俄罗斯联邦的商业巨头们成了俄罗斯新型私有化工业背景之下的新寡头和亿万富翁。苏联解体后的一部分国家已经加入欧盟，但另一些经历了严重的种族冲突，比如车臣。

20世纪末，中国开始重新认识和解读社会主义，以期适应目前世界的经济形势。

贫富不均与权利保障

共产主义兴起时，人民生活极端贫困，他们对财富分配不均反响强烈。经过20世纪的挫折和恢复，发达国家的极端贫困现象大大减少；但在20世纪后半叶，发达国家的收入差距再次增大，比如英国就很典型。而在发展中国家，贫富差距继续加剧，世界范围内仍有20%的人口生活在没有电力供应的环境之中。虽然医疗技术的进步大大延长了发达国家的人口寿命，但在21世纪初，大约还有2 300万非洲人无力负担医疗费用或无法获得医疗服务，面临艾滋病毒的死亡威胁。20世纪末，每年大约有600万人死于饥饿；

截至21世纪初，仍有6.5亿人无法享用洁净安全的饮用水。

20世纪，发达国家的人权理念得到推广，他们对儿童、妇女和少数群体给予法律方面的保护，国际法庭也开始对战争罪犯提起诉讼。全球化浪潮带来了两方面的积极影响：联合国大力推动国际合作；在各国政府及个人慈善捐助的支持下，联合国相关援助机构对世界各地的灾害和人权侵犯事件做出了快速反应。

结语

从很多方面来看，20世纪的历史都是一部战争史。先是包括大屠杀在内的两场毁灭性世界冲突，随后是各地区的残酷内战、局部军事行动、南斯拉夫和卢旺达的种族灭绝屠杀。多次战争反映了20世纪令人不安的两大主题：激进的民族主义和逐渐加剧的恐怖主义。

随着新世纪的来临，20世纪初呈现出的乐观与自信逐渐减少。新的问题纷至沓来。很多人对能源问题深表担忧：为大多数发达国家提供能源、在经济领域发挥核心作用的石油资源即将枯竭，而切尔诺贝利核灾难之后，核能的使用又备受争议。许多科学家认为全球变暖将导致气候变化。同时，全球恐怖主义也有了新的动向，发生在2001年的“9 · 11”恐怖袭击事件促使美国总统乔治 · W. 布什宣布发动反恐战争。各地的民族主义运动继续引发冲突，比如乌克兰、利比亚和叙利亚等地的灾难性事件。可以预测，美国、中国、印度和其他新兴国家之间也可能出现严重的经济冲突。

20世纪也为我们带来了安全与民主。在有些国家，人们的生活水平得到了大幅改善，19世纪的祖先们对此根本无法想象。互联网促进了思想、教育、新闻及文化的广泛传播。20世纪末开始出现的社交媒体爆炸，改变了普通民众的跨国界交流方式。新生的全球网络既可能成为恐怖分子或其他利益集团的工具，也会带来和平，促进进步，引领我们迈向更加美好的未来。

参考书目

Alexievich, Svetlana, *Chernobyl Prayer*, Penguin 2016

Bainton, Roy, *A Brief History of 1917: Russia's Year of Revolution*, Robinson 2005

Chalton, Nicola and Meredith MacArdle, *The Great Scientists in Bite-Sized Chunks*, Michael O'Mara Books 2015

Davies, Norman, *Europe: A History*, Oxford University Press 1996

Duffy, N. M., *The 20th Century*, Blackwell 1974

Evans, A. A. and David Gibbons, *The Compact Timeline of World War II*, Worth Press 2008

Ferguson, Niall, *Empire: How Britain Made the Modern World*, Penguin 2004

Figes, Orlando, *A People's Tragedy: The Russian Revolution 1891–1924*, London: Jonathan Cape 1996

Howard, Michael and Wm. Roger Louis (Eds.), *The Oxford History of the Twentieth Century*, Oxford University Press 1998

Howe, Stephen, *Empire: A Very Short Introduction*, Oxford University Press 2002

Kershaw, Ian, *To Hell and Back: Europe 1914–1949*, Penguin 2016

Lowe, Norman, *Mastering Modern World History*, Palgrave Macmillan 2013

MacArdle, Meredith *The Timeline History of China*, Worth Press 2007

MacArdle, Meredith, Nicola Chalton and Pascal Thivillon, *The Timechart History of Revolutions*, Worth Press 2007

Marr, Andrew, *A History of the World*, Macmillan 2012

Massie, Robert K., *Dreadnought: Britain, Germany and the Coming of the Great War*, Vintage 2007

National Geographic Eyewitness to the 20th Century, National Geographic Society 1998

Nicolson, Colin, *Longman Companion to the First World War: Europe 1914–1918*, Routledge 2001

Overy, Richard, *Collins Atlas of 20th Century History*, Collins 2005

Overy, Richard, *20th Century*, Dorling Kindersley 2012

Overy, Richard, *The Dictators: Hitler's Germany, Stalin's Russia*, Penguin 2005

Pakenham, Thomas, *The Scramble for Africa*, London: Abacus 1992

Taylor, A. J. P., *The Struggle For Mastery in Europe 1848–1918*, Oxford University Press 2001

Tuchman, Barbara, *The Guns of August*, Penguin 2014

Tuchman, Barbara, *The Proud Tower*, Macmillan 1980

译名对照表

人名

阿道夫·希特勒
Adolf Hitler

阿尔伯特·爱因斯坦
Albert Einstein

阿尔弗雷德·德雷福斯
Alfred Dreyfus

阿方索十三世
Alfonso XIII

阿列克谢·阿列克谢耶维奇·勃鲁西洛夫
Aleksey Alekseyevich Brusilov

阿瑟·贝尔福
Arthur Balfour

阿瑟·哈里斯
Arthur Harris

埃德蒙·艾伦比
Edmund Allenby

埃尔维斯·普雷斯利
Elvis Presley

埃尔温·隆美尔
Erwin Rommel

埃里希·鲁登道夫
Érich Ludendorff

埃米尔·左拉
Emile Zola

埃塞尔·罗森堡
Ethel Rosenberg

艾尔弗雷德·希区柯克
Alfred Hitchcock

伯纳德·蒙哥马利
Bernard Montgomery

博杜安
Baudouin

查尔斯·达德利·沃纳
Charles Dudley Warner

戴维·本-古里安
David Ben-Gurion

戴维·劳合·乔治
David Lloyd George

道格拉斯·黑格
Douglas Haig

道格拉斯·麦克阿瑟
Douglas MacArthur

道琼斯
Dow Jone

德怀特·D. 艾森豪威尔
Dwight D. Eisenhower

德皇威廉二世
Kaiser Wilhelm II

蒂莫西·麦克维
Timothy McVeigh

蒂姆·伯纳斯-李
Tim Berners-Lee

F. 斯科特·菲茨杰拉德
F. Scott Fitzgerald

F. W. 德克勒克
F. W. de Klerk

法拉赫·艾迪德
Farrah Aidid

法鲁克
Farouk

菲德尔·卡斯特罗
Fidel Castro

菲利普·贝当
Philippe Pétain

费迪南·福煦
Ferdinand Foch

费萨尔王子
Prince Faisal

弗兰茨·斐迪南大公
Archduke Franz Ferdinand

弗拉基米尔·列宁
Vladimir Lenin

弗朗茨·卡夫卡
Franz Kafka

弗朗西斯科·佛朗哥
Francisco Franco

金日成
Kim Il-sung

卡波雷托
Caporetto

卡尔·马克思
Karl Marx

卡尔·萨根
Carl Sagan

卡尔一世
Charles I

卡伦·东芝
Karen Toshiba

凯泽·威廉二世
Kaiser Wilhelm II

克莱门特·艾德礼
Clement Attlee

柯立芝
Coolidge

可可·香奈儿
Coco Chanel

寇松勋爵
Viceroy Curzon

库尔特·温特根斯
Kurt Wintgens

夸梅·恩克鲁玛
Kwame Nkrumah

莱赫·瓦文萨
Lech Walesa

赖因哈德·海德里希
Reinhard Heydrich

勒·柯布西耶
Le Corbusier

李·哈维·奥斯瓦尔德
Lee Harvey Oswald

理查德·尼克松
Richard Nixon

理查德·韦恩·彭尼曼
Richard Wayne Penniman

利奥波德二世
Leopold II

列夫·托洛茨基
Leon Trotsky

鲁霍拉·霍梅尼
Ruhollah Khomeini

路易·布莱里奥
Louis Bl é riot

路易斯·蒙巴顿勋爵
Lord Louis Mountbatten

罗伯特·奥本海默
Robert Oppenheimer

罗伯特·麦克纳马拉
Robert McNamara

罗兰·加罗斯
Roland Garros

罗纳德·里根
Ronald Reagan

罗莎·卢森堡
Rosa Luxemburg

罗莎·帕克斯
Rosa Parks

马丁·路德·金
Martin Luther King

马丁·麦吉尼斯
Martin McGuinness

马尔科姆·艾克斯
Malcolm X

马克斯·普朗克
Max Planck

马克·吐温
Mark Twain

玛格丽特·撒切尔
Margaret Thatcher

玛丽·居里
Marie Curie

梅纳赫姆·贝京
Menachem Begin

门格斯图·海尔·马里亚姆
Mengistu Haile Mariam

蒙博托·塞塞·塞科
Mobutu Sese Seko

米哈伊尔·戈尔巴乔夫
Mikhail Gorbachev

莫尔特克
Moltke

莫伊兹·冲伯
Moise Tshombe

穆阿迈尔·卡扎菲
Muammar Gaddafi

穆罕默德·阿里
Muhammad Ali

穆罕默德·巴列维
Mohammad Pahlevi

穆罕默德·真纳
Muhammad Jinnah

穆斯塔法·凯末尔·阿塔蒂尔克
Mustafa Kemal Atat ü rk

穆扎法尔丁 · 沙
Mozaffar ad-Din Shah

纳尔逊 · 曼德拉
Nelson Mandela

内维尔 · 张伯伦
Neville Chamberlain

尼尔 · 阿姆斯特朗
Neil Armstrong

尼基塔 · 赫鲁晓夫
Nikita Khrushchev

帕特里斯 · 卢蒙巴
Patrice Lumumba

珀西瓦尔
Percival

齐默尔曼
Zimmerman

乔治 · 奥威尔
George Orwell

乔治 · H. W.布什
George H. W. Bush

乔治 · 克列孟梭
Georges Clemenceau

乔治 · 马歇尔
George Marshall

乔治 · S. 巴顿
George S. Patten

乔治 · W.布什
George W. Bush

切 · 格瓦拉
Che Guevara

让-保罗 · 萨特
Jean-Paul Sartre

让-贝德尔 · 博卡萨
Jean-Bédel Bokassa

萨达姆 · 侯赛因
Saddam Hussein

萨尔瓦多 · 阿连德
Salvador Allende

沙皇尼古拉二世
Tsar Nicholas II

“圣雄”甘地
Mahatma Gandhi

史蒂夫 · 比科
Steve Biko

斯洛博丹 · 米洛舍维奇
Slobodan Milosevic

T. E.劳伦斯
T. E. Lawrence

瓦西里·康定斯基
Wassily Kandinsky

威尔伯
Wilbur

威廉·贝弗里奇
William Beveridge

威廉·伦琴
William Röntgen

威廉·麦金利
William McKinley

维多利亚女王
Queen Victoria

维亚切斯拉夫·莫洛托夫
Vyacheslav Molotov

维亚切斯拉夫·普勒维
Vyacheslav Plehve

温斯顿·丘吉尔
Winston Churchill

翁贝托一世
Umberto I

沃尔夫冈·卡普
Wolfgang Kapp

乌尔丽克·迈因霍夫
Ulrike Meinhof

吴奈温
U Ne Win

吴庭艳
Ngo Dinh Diem

伍德罗·威尔逊
Woodrow Wilson

西奥多·赫茨尔
Theodore Herzl

西奥多·H. 冯·劳厄
Theodore H. Von Laue

西奥多·罗斯福
Theodore Roosevelt

西格蒙德·弗洛伊德
Sigmund Freud

西蒙娜·德·波伏瓦
Simone de Beauvoir

夏尔·戴高乐
Charles de Gaulle

勋伯格
Schönberg

亚历山大·杜布切克
Alexander Dubček

亚历山大·冯·克卢克
Alexander von Kluck

亚历山大·弗莱明
Alexander Fleming

亚历山大·萨姆索诺夫
Alexander Samsonov

伊迪·阿明
Idi Amin

伊丽莎白二世
Elizabeth II

伊莎贝尔·庇隆
Isabel Perón

尤里·加加林
Yuri Gagarin

裕仁天皇
Emperor Hirohito

约翰·埃德加·胡佛
John Edgar Hoover

约翰·F.肯尼迪
John F. Kennedy

约翰·康纳利
John Connally

约翰·麦克雷
John McCrae

约翰·斯坦贝克
John Steinbeck

约瑟芬·贝克
Josephine Baker

约瑟夫·戈培尔
Joseph Goebbels

约瑟夫·康拉德
Joseph Conrad

约瑟夫·麦卡锡
Joseph McCarthy

约瑟夫·蒙博托
Joseph Mobutu

约瑟夫·斯大林
Joseph Stalin

约瑟夫·霞飞
Joseph Joffre

约瑟普·铁托
Josip Tito

朱利叶斯·罗森堡
Julius Rosenberg

朱韦纳尔·哈比亚利马纳
Juvénal Habyarimana

地名

阿登
Ardennes

阿尔萨斯
Alsace

阿姆利则
Amristar

阿纳姆
Arnhem

埃纳河
Aisne River

艾哈迈达巴德
Ahmadabad

安纳托利亚
Anatolia

安南
Annam

巴尔干半岛
Balkans

白金汉郡
Buckinghamshire

百慕大群岛
Bermuda Islands

贝尔格莱德
Belgrade

比夫拉
Biafra

彼得格勒
Petrograd

波斯
Persia

博帕尔
Bhopāl

布雷顿森林
Bretton Woods

布列斯特-立陶夫斯克
Brest-Litovsk

达达尼尔海峡
Dardanelles

达豪
Dachau

大马士革
Damascus

但泽
Danzig

德黑兰
Tehrān

德兰士瓦
Transvaal

奠边府
Dien Bien Phu

东京（越南）
Tonkin

东普鲁士
East Prussia

敦刻尔克
Dunkirk

多哥兰
Togoland

俄克拉何马城
Oklahoma City

凡尔登
Verdun

费城
Philadelphia

伏尔加格勒
Volgograd

佛兰德斯
Flanders

高加索
Caucasus

戈兰高地
Golan Heights

格但斯克
Gdańsk

贡比涅
Compiègne

瓜达尔卡纳尔岛
Guadalcanal

哈尔科夫
Khar'kov

合恩角
Cape Horn

胡齐斯坦
Khūzestān（Khuzistan）

吉尔伯特群岛
Gilbert Islands

加丹加
Katanga

加来海峡
Pas de Calais

加利波利
Gallipoli

加利西亚
Galicia

加沙
Gaza

捷克斯洛伐克
Czechoslovakia

君士坦丁堡
Constantinople

卡波雷托
Caporetto

开普殖民地
Cape Colony

堪察加
Kamchatka

科隆
Cologne

库尔斯克
Kursk

魁北克
Québec

莱特湾
Leyte Gulf

莱茵兰
Rhineland

利迪策
Lidice

利文斯顿
Livingston

列宁格勒
Leningrad

卢德
Lod

鲁尔
Ruhr

伦敦德里郡
Londonderry

罗得西亚
Rhodesia

洛克比
Lockerbie

洛林
Lorraine

马恩河
Marne River

马来亚（半岛马来西亚）
Malaya

马绍尔群岛
Marshall Islands

马斯特里赫特
Maastricht

蒙得维的亚
Montevideo

蒙斯
Mons

米尔顿凯恩斯
Milton Keynes

摩加迪沙
Muqdisho（Mogadishu）

南斯拉夫
Yugoslavia

帕斯尚尔
Passchendaele

婆罗洲岛
Borneo

普里皮亚季
Pripyat'

切尔诺贝利
Chernobyl

撒马利亚
Samaria

萨拉热窝
Sarajevo

沙佩维尔
Sharpeville

色雷斯
Thrace

斯大林格勒
Stalingrad

斯卡帕湾
Scapa Flow

斯雷布雷尼察
Srebrenica

斯特拉斯堡
Strasbourg

苏门答腊岛
Sumatra

苏台德区
Sudetenland

所罗门群岛
Solomon Islands

索姆河
Somme River

索韦托
Soweto

坦嫩贝格
Tannenberg

图卜鲁格
Tobruk

图勒
Toul

外约旦
Transjordan

威克岛
Wake Island

西贡
Saigon

西里伯斯岛
Celebes

西奈半岛
Sinai Peninsula

锡兰
Ceylon

暹罗
Siam

新罕布什尔
New Hampshire

亚喀巴
Al ‘Aqaba

伊普尔
Ypres

印度支那
Indochina

犹地亚
Judaea (Judea)

云山郡
Unsan

扎伊尔
Zaïre

直布罗陀
Gibraltar

中途岛
Midway Island

爪哇岛
Java

说明

本书中插图均系原文插图